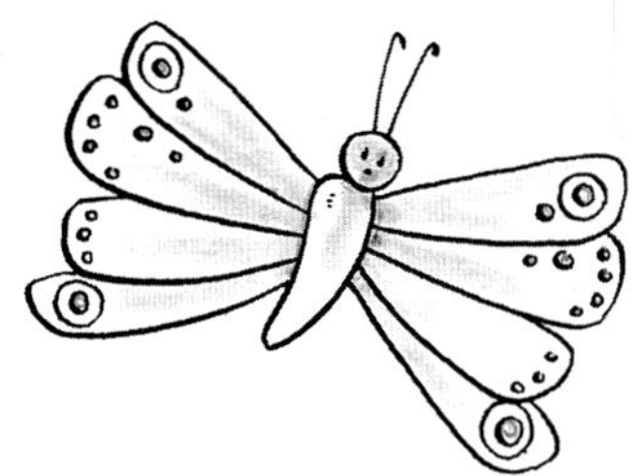

Inhaltsverzeichnis

Vorwort

Liebe Erzieher*innen,

wie Sie vermutlich auch, habe ich die Wichtigkeit der Literacy-Erziehung in Kindergärten längst verstanden, doch ist es nicht immer einfach, diese gezielt und ansprechend umzusetzen. Zum einen scheint es, dass Bilderbücher immer mehr den Kampf gegen die digitalen Medien zu verlieren drohen – dabei sind gerade diese Bücher eines der wertvollsten Medien, um Kinder mit der Welt der Buchstaben und Wörter vertraut zu machen. Zum anderen fehlen oft die Zeit, einfache Mittel und auch die Kreativität, Geschichten spielerisch umzusetzen. Um diesem Trend und diesen Hürden entgegenzuwirken, ist das vielfältige Literacy-Projekt zum Bilderbuch „Die kleine Raupe Nimmersatt" entstanden.

Wie mir aufgefallen ist, flaut das Interesse der Kinder an Büchern hauptsächlich ab, wenn sie Text und Inhalt nicht verstehen und sich ihnen deshalb der Sinn des Lesens nicht erschließt. Aus diesem Grund ist eine intensive, spielerische Auseinandersetzung mit der Geschichte wichtig, um diese zu verstehen.
Ich habe nun mit den Kindern ein ganz beliebtes Bilderbuch erarbeitet und ein umfangreiches Projekt entwickelt, nämlich zu dem Buch „Die kleine Raupe Nimmersatt". Jedes Angebot wird auf die Geschichte zurückgeführt und damit die Verbindung zu dieser hergestellt. Die Kinder setzen sich intensiv mit der Geschichte auseinander und lernen dabei spielerisch alltägliche Dinge kennen, wie zum Beispiel natürliche Lebensabläufe oder die Wochentage. Auf diese Weise hat jedes Kind die Chance, die Thematik der Geschichte zu verstehen. Das Buch wurde seit der Durchführung des Projektes von den Kindern viel öfter in die Hand genommen. Grundlage für das Projekt ist die Ausgabe „Die kleine Raupe Nimmersatt" von Eric Carle aus dem Gerstenberg Verlag, ISBN 978-3-8369-4259-1.

Ich möchte Ihnen nun das Literacy-Projekt zum Buch „Die kleine Raupe Nimmersatt" vorstellen und hoffe, Sie ebenfalls dafür begeistern zu können.

Die **Zielgruppe** für dieses Projekt sind alle Kinder zwischen 2 und 6 Jahren. Die Angebote variieren zwischen leicht und schwer, sodass alle Altersstufen angesprochen werden und Unter- sowie Überforderungen vermieden werden können.
Insbesondere sprachauffällige Kinder und Kinder mit Migrationshintergrund profitieren von der intensiven Auseinandersetzung mit Bilderbüchern.

Ziele des Literacy-Projektes:

- In erster Linie zielt das Projekt auf Sprachproduktion, Textverständnis und Bilderfassung ab.
- Das Interesse an Büchern soll geweckt und der sachgemäße Umgang mit diesen trainiert werden.
- Durch den Austausch der Kinder untereinander, durch neues Sachwissen und Bilderbuchbetrachtungen kommt es zum Ausbau des Wortschatzes und des Sprachgebrauchs. Begriffe und Inhalte werden immer wieder ins Gedächtnis gerufen und dementsprechend gefestigt.
- Darüber hinaus werden Satzbau, Grammatik, Artikulation und das Sinnverstehen gefördert.
- Die Vermittlung von Sachwissen, Allgemeinwissen und Naturgegebenheiten wird integriert.
- Kognitive Leistungen wie Orientierungsfähigkeit, Merkfähigkeit, das Erkennen von logischen Zusammenhängen und kausales Denken werden gefördert. Ebenso findet die Förderung der Körperwahrnehmung, der Motorik, der fließenden Ausführung der eigenen Bewegung sowie der Ausdauer, der Konzentration, der Feinmotorik, der Wahrnehmung und der Handlungsplanung statt.

Viel Freude mit dem Literacy-Projekt „Die kleine Raupe Nimmersatt" wünscht Ihnen

Cornelia Emde

Hinweis:
Aus Gründen der besseren Lesbarkeit wird im Folgenden auf eine sprachliche Differenzierung der Geschlechterbezeichnungen verzichtet. Da die Erzieher*innen in Kindertagesstätten zumeist weiblich sind, haben wir uns hier für die weibliche Form entschieden. Selbstverständlich sind stets alle Geschlechter angesprochen.

Vorbemerkungen und Arbeitshinweise

Zu den verwendeten Symbolen

Bildungsbereiche (jeweils das äußerste Symbol oben rechts auf den Arbeitsblättern):

 Literacy

 Mathematische Bildung

 Ästhetische Erziehung

 Feste und Feiern

 Umwelt-, Sach- und Naturbegegnung

 Körpererfahrung und Bewegung

 Gesundheit und Ernährung

Sonstige Symbole:

 für unter 3-Jährige geeignet

Layout:

- Die Seiten mit der **Raupe** im Layout unten rechts sind für die Erzieherin gedacht.

- Die Seiten mit dem **Schmetterling** unten rechts sind Arbeitsblätter, die direkt mit den Kindern bearbeitet werden können.

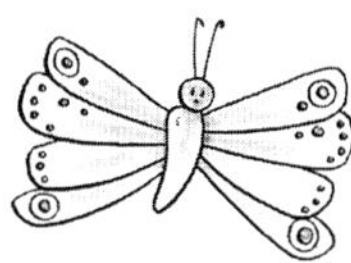

Allgemeine Hinweise zur Organisation und Durchführung

Was ist Literacy?

Der Begriff *Literacy* umfasst neben der Lese- und Schreibkompetenz auch die Erfahrungen mit Texten, mit deren Sinn, der Grammatik, mit der Artikulation und dem Wortschatz.

Die Auseinandersetzung mit Bilderbüchern im Kleinkindalter ist deshalb so wichtig, da hier Dinge wie Textverständnis, die Abstraktionsfähigkeit, Ausdauer, Konzentration und Merkfähigkeit trainiert werden, die im Schulalltag eine große Rolle spielen. Darüber hinaus weisen Kinder mit einer umfangreichen Leseerfahrung eine wesentlich höhere Schreib- und Lesekompetenz auf als andere. Sie lernen schneller und leichter, können sich beträchtlich besser ausdrücken und sich exakter mitteilen. Außerdem kann man Kindergartenkinder mit dem Vorlesen schon früh für Bücher begeistern und das Interesse für späteres Selbst-Lesen wecken.

Aus diesen Gründen ist Literacy ein fester Bestandteil der pädagogischen Arbeit geworden. Pädagogische Fachkräfte werden aufgefordert, den Kindern literarische Angebote zu machen, die zu Hause oft zu kurz kommen oder gar fehlen. Außerdem sollten sie Kinder und Eltern motivieren, sich auch außerhalb des Kindergartens mit Literatur auseinanderzusetzen.

Literacy kann über Bilderbuchbetrachtungen, das freie Erzählen, Vorlesen und Nachspielen vermittelt werden.

Tipps zum Vorlesen:

Um die volle Aufmerksamkeit der Kinder auf die Bilderbuchbetrachtung zu ziehen, sind viele Faktoren entscheidend. Die Raumgestaltung spielt unter anderem eine Rolle: Die Umgebung sollte nach Möglichkeit reizarm und ruhig sein. Das bedeutet, Dinge mit hohem Aufforderungscharakter wie Spielzeug oder grelle Bilder sollten entfernt oder bedeckt werden. Mit Kissen, diffusem Licht und Materialien, die sich auf die Geschichte beziehen, lenken Sie die Aufmerksamkeit der Kinder dorthin, wo Sie sie brauchen: zum Buch.

Falls Sie im Tagesablauf wenig Zeit finden vorzulesen, eignen sich Vorlesepaten sehr gut. Dazu können Eltern, Großeltern usw. befragt werden, ob sie ehrenamtlich stundenweise im Kindergarten vorlesen möchten. Es bringt nichts, unter Stress vorzulesen oder ständig die Gruppe im Blick haben zu müssen. Es ist dann nicht möglich, für die Kinder vollständig präsent zu sein und das zu vermitteln, was Sie gerne möchten. Sie als Vorleser fungieren als Vorbild und müssen den Kindern eine ruhige, konzentrierte, leise Haltung im Umgang mit Büchern vorleben.
Während des Vorlesens sollten Sie auf folgende Dinge achten:

- Beim Lesen zwischendurch unbedingt Blickkontakt zu den Kindern herstellen. Oftmals können Sie am Gesichtsausdruck der Kinder erkennen, ob der Text verstanden worden ist, ob sie noch aufmerksam zuhören oder ob Fragen aufgetaucht sind.
- Haben die Kinder während des Lesens zwischendurch Fragen, sollten diese umgehend beantwortet werden. Anderenfalls sind die Kinder in Gedanken bei ihren Fragen und können dem Text nicht mehr folgen.
- Beziehen Sie die Kinder immer wieder mit ein, indem diese Geräusche mitmachen dürfen oder indem Sie Meinungen einholen: „Das war aber lustig, oder?", „War das okay, was hier gerade geschehen ist? Was meint ihr?"
- Verändern Sie beim Lesen Ihre Stimme je nach Gefühlslage. Freude, Traurigkeit, Spannung, Langeweile, Wut etc. können wunderbar über die Stimme ausgedrückt werden. Die Kinder lassen sich oft von Ihren Gefühlen mitreißen und erleben die Geschichte dadurch emotional mit. Dadurch gewinnen Sie die Aufmerksamkeit der Kinder mit einfachen Mitteln.
- Nach dem Vorlesen sollten Sie auf die Geschichte eingehen und die Kinder Sequenzen nacherzählen lassen bzw. gezielt Fragen stellen. Dadurch wird alles wiederholt und Sie sehen, was und wie viel die Kinder vom Text verstanden haben. Das freie Erzählen fördert die Sprachproduktion, das Textverständnis und das Selbstbewusstsein der Kinder enorm.

Themavertiefung im Freispiel / in der Leseecke:
Wählen Sie mit den Kindern eine Ecke im Gruppenraum aus, die in eine Leseecke umfunktioniert werden kann. In der Ecke sollten sich Sitzkissen befinden, die zum Vorlesen und Zuhören einladen. Außerdem können hier sämtliche gebastelte Dinge aufgehängt werden sowie Materialien (wie z. B. eine Ziehraupe, Schmetterlinge, Blätter) bereitgestellt werden, die die Kinder zum Beschäftigen mit dem Thema auffordern. Diese Leseecke wird im Laufe des Projektes immer weiter vervollständigt und bietet auch den Eltern einen Einblick in das Literacy-Projekt.
Da jedes Kind im Freispiel die Möglichkeit hat, seine aktuellen Themen und Interessen auszuspielen, wird es sicher vorkommen, dass die Kinder die Geschichte oder Teile davon im freien Spiel nachahmen möchten. Hier können Sie die Kinder in ihrem Handeln unterstützen, indem Sie ihnen Materialien (wie z. B. Decken für den Bau eines Kokons, Kriechtunnel oder Tische zum Hindurchkriechen) anbieten. Ebenso sollten grüne Tücher vorhanden sein, für den Fall, dass die Kinder sich als Raupen verkleiden wollen.

Bitte stellen Sie mit den Kindern unter anderem folgende Regeln im Umgang mit Büchern auf:

- Mit Büchern geht man vorsichtig um. Sie werden nur dann gelesen, wenn man sich ruhig hinsetzt.
- Will jemand toben oder wild spielen, so werden die Bücher erst zur Seite geräumt.
- Die Seiten werden mit den Fingern umgeblättert und nicht mit der ganzen Hand.
- Malen, Schneiden und Kleben darf ich nur auf Papier und nicht im Buch.
- Ist das Buch doch einmal aus Versehen kaputtgegangen, sage ich sofort Bescheid.

Erstellen eines Portfolios:
Es bietet sich an, mit den Kindern zu diesem Projektthema Portfolios in Ordnern oder Schnellheftern anzulegen. Darin sollten alle Bilder, Basteleien und Fotos eingeheftet werden. Ein schönes Deckblatt vollendet die individuelle Dokumentation jedes Kindes zu diesem Thema. Natürlich sollte es dem Thema angepasst sein, zum Beispiel mit der Raupe Nimmersatt. Am Ende der Projektzeit kann jedes Kind sein Portfolio mit nach Hause nehmen.

Hinweise zu Ausflügen mit den Kindern:
- Die Strecke vorher abgehen, um eventuelle Gefahren zu erkennen und ggf. zu vermeiden.
- Informationen zu Versicherungen im Schadensfall oder gar bei Verletzungen einholen.
- Auf jeden Fall für genügend Begleitpersonen sorgen.
- Die Eltern und Vorgesetzten über den Ausflug informieren, ggf. sogar schriftliche Erlaubnisse einholen.
- Einen Eltern-Infobrief aufsetzen und auf mögliche Gefahren hinweisen. Auch hier schriftlich absichern, dass die Eltern über die Gefahren aufgeklärt wurden und das Kind trotzdem teilnehmen darf.
- Erste-Hilfe-Set mitnehmen.
- Telefonnummern der Eltern für den Notfall aufschreiben und mitführen.

CD-Tipp:
Zu dem Literacy-Projekt eignet sich die CD zum Bilderbuch sehr gut (auch auf allen gängigen Download- und Streamingplattformen verfügbar):
- Die kleine Raupe Nimmersatt, Rolf Nagel und Ulrich Maske, JUMBO Neue Medien & Verlag, ISBN 978-3-8337-1080-3

Tipps und Anregungen zu den einzelnen Arbeitsblättern:

Zum Umgang mit den Arbeitsblättern:
Diese Projektmappe enthält einige Arbeitsblätter, deren Aufgabenstellung Sie mit den Kindern in Kleingruppen besprechen oder vorlesen müssen. Für die Aufbewahrung der Arbeitsblätter empfehle ich, je nach Gruppensituation und organisatorischen Bedingungen, verschiedene Möglichkeiten:
- Ablagefächer (alternativ unifarben gestaltete Deckel von Kopierpapierkartons): Die Kinder haben so freien Zugriff auf die darin sortierten Arbeitsblätter und können ihre Aufgaben selbst auswählen.
- Jedes Kind verfügt über einen weiteren Schnellhefter, in den die Erzieherin regelmäßig nach Alter und Entwicklungsstand ausgewählte Arbeitsblätter (z. B. zwei Arbeitsblätter pro Woche) einheftet oder diese gemeinsam mit dem Kind aussucht. Die Kinder wählen die Zeit zur Bearbeitung entweder frei oder es gibt festgelegte Zeiten, innerhalb derer ein Kind seine Arbeitsblätter bearbeiten kann.
- Die fertiggestellten Arbeitsblätter werden im Schnellhefter oder in einer Sammelmappe/einem Sammelordner abgeheftet bzw. gehören als Anlage zur Bildungsdokumentation oder zum Portfolio.
- Es empfiehlt sich außerdem, einen (mit Geschenkpapier beklebten) Schuhkarton für andere gefertigte Objekte anzulegen.

Zu „Einführung in das Thema – Bilderbuchbetrachtung“, S. 7:
Nach der Bilderbuchbetrachtung ist es wichtig, dass die Kinder einen Platz haben, an dem sie das Gehörte noch einmal für sich wiederholen und sich damit auseinandersetzen können. Einzelne Materialien müssen an diesem Platz vorhanden sein, damit die Bilderbuchsequenzen wieder in das Gedächtnis zurückgerufen werden und die Kinder diese zum Beispiel nachspielen können. Dazu gehört auch der Zugang zum Bilderbuch. Ein Erzähltisch bietet den Kindern einen solchen Ort. Hier können die Materialien und auch das Buch abgelegt und der Tisch immer wieder neu bestückt werden. Ein Materialwechsel ist durchaus sinnvoll, damit die Kinder das Wissen, das sie dem Buch entnommen haben, auch auf andere Bilder oder Geschichten übertragen können. (Zum Beispiel: Eine Raupe hat nicht immer einen roten Kopf und einen grünen Körper, sondern kann auch anders aussehen und ist trotzdem noch eine Raupe.)
Sie als Fachkraft sollten den Erzähltisch im Freispiel immer wieder mit einbeziehen oder ihn mit den Kindern neu bestücken. So werden die Kinder zum Erzählen animiert. Sie sollten sich außerdem ab und zu mit den Kindern dort niederlassen und die Geschichte mit Hilfe der Materialien nacherzählen lassen, denn nur so kann die Sprachentwicklung gefördert werden.
Für die Gestaltung des Erzähltisches bietet sich zum Beispiel ein Beistelltisch an. Legen Sie eine schöne Tischdecke auf den Tisch, auf der die Materialien und das Buch angeordnet werden. Versuchen Sie, den Tisch so ansprechend wie möglich zu gestalten, damit er einen hohen Aufforderungscharakter erhält. Dazu gehört auch, ihn nicht in eine Ecke zu stellen, die von den Kindern kaum gesehen wird, sondern ihn in die Themenecke zu integrieren.

Zu „Pusteraupe“ / „Obst transportieren“, S. 19:
Diese Angebote sind Übungen zur Förderung der Mundmotorik. Bitte achten Sie bei dem Angebot „Obst transportieren“ darauf, dass die Länge der Wegstrecke je nach Alter und Fähigkeit der Mundmotorik variiert. Die jüngsten Kinder können den Löffel selbstverständlich nicht sehr lange zwischen den Lippen halten, sodass hier eine Strecke von 2 bis 3 Metern völlig ausreicht.
Für die Älteren können Sie Schwierigkeiten einbauen: Stellen Sie Podeste oder Kisten auf die Wegstrecke bzw. fordern Sie die Kinder auf, sich einmal um sich selbst zu drehen usw.

Allgemeine Information zu den Bastelarbeiten im Bereich „Ästhetische Erziehung“ ab S. 22:
Fotografieren Sie die Materialzusammenstellung und jeden einzelnen Arbeitsschritt. Kleben Sie die ausgedruckten Fotos mit der dazugehörigen schriftlichen Arbeitsanweisung auf DIN-A5-Karten, nummerieren Sie die Karten in der richtigen Reihenfolge und laminieren Sie diese. So erhalten Sie bebilderte Karten, die Ihre Kinder zum selbstständigen Arbeiten motivieren. Kinder niemals mit dem Cuttermesser allein arbeiten lassen. Nach Möglichkeit sollten diese Schneidearbeiten die Erwachsenen erledigen.

Zu „Zahlenkarten“, S. 25:
Die Kopiervorlage „Zahlenkarten“ wird im Projekt sehr unterschiedlich genutzt. Daher ist es sinnvoll, sich die Angebote, bei denen diese Bilder benötigt werden, vorher durchzulesen. Am besten überlegen Sie, welche Angebote Sie machen möchten und bereiten die Karten, Chips usw. vor, sodass der Kopier- und Laminieraufwand für die Karten nur einmal gegeben ist. Die Nutzung und Vorbereitung der Bilder ist in den einzelnen Angeboten ausführlich beschrieben.

Zu „Der Schmetterling“, „Wie fliegt ein Schmetterling?“ und „Vorsicht bei Raupen und Schmetterlingen“, S. 35–37:
Diese Angebote vermitteln den Kindern, warum Kleinstlebewesen nicht angefasst werden sollten. Eine Berührung an den Flügeln hat tödliche Konsequenzen für einen Schmetterling, was den Kindern aber oft gar nicht bewusst ist. Deshalb sollten Sie diese drei Angebote unbedingt in Ihrer Gruppe durchführen. Um eine sinnvolle, verständliche und aufeinander aufbauende Reihenfolge zu schaffen, sollte zuerst das Angebot „Der Schmetterling“ behandelt werden, dann „Vorsicht bei Raupen und Schmetterlingen“ und schließlich „Wie fliegt ein Schmetterling?“.

Zu den Rezepten im Bereich „Gesundheit und Ernährung“, ab S. 38:
Achtung: Bitte achten Sie bei den Rezepten auf eventuelle Lebensmittelunverträglichkeiten der Kinder!

Zu den Bewegungsangeboten im Bereich „Körpererfahrung und Bewegung“, ab S. 45:
Bei den Bewegungslandschaften ist es ratsam, von den Aktivitäten mehrere gleichzeitig anzubieten, damit zwei oder drei Kinder parallel arbeiten können. Zu lange Wartezeiten führen oftmals zu einer Demotivation, sodass die Kinder schnell die Lust an solchen Angeboten verlieren.

Einführung in das Thema – Bilderbuchbetrachtung (ab 2 Jahren)

Material:
Bilderbuch, 1 Schreibtischlampe, 1 grünes Baumblatt, 1 weiße Perle, 1 Schmetterling (selbst gebastelt, Vorlage s. S. 23, oder Deko), 1 Raupe (Stofftier oder selbst gebastelt, s. S. 17), für jedes Kind 1 Sitzkissen, ggf. dunkle Tücher, um Fenster abzuhängen

Vorbereitung:
Im Raum werden die Vorhänge zugezogen oder alternativ mit dunklen Tüchern abgehängt. Die Sitzkissen werden kreisförmig auf den Boden gelegt. Die Perle liegt auf dem Blatt und beides wird mittig in den Kreis platziert. Die Schreibtischlampe wird angeknipst und daneben aufgestellt, sodass ihr Licht das Blatt mit der Perle anstrahlt. Den Schmetterling, die Raupe und das Buch legen Sie verdeckt hinter Ihr Kissen, damit die Kinder noch keinen Blick darauf werfen können. Bitte lesen Sie im Vorhinein die „Tipps zum Vorlesen“ in den Vorbemerkungen (S. 3).

Arbeitsanleitung:

1. Bitten Sie die Kinder in den Sitzkreis und lassen Sie sie erst in Ruhe das Bild in der Mitte betrachten. Natürlich werden Fragen aufkommen (zumindest bei den Größeren), doch versuchen Sie, die Spannung zu wahren. Die Kinder dürfen gerne eigene Überlegungen anstellen und ihrer Fantasie freien Lauf lassen. Hier ist es wichtig, jeder Idee der Kinder zu lauschen und die Unterschiedlichkeit der Assoziationen ernst zu nehmen.
2. Nun holen Sie das Buch hervor und zeigen es den Kindern. Anschließend lesen Sie die Geschichte langsam und deutlich vor. Die Darstellung in der Mitte des Sitzkreises bleibt die ganze Zeit über stehen. Die Raupe wird auf der Seite „Und als an einem schönen …“ hervorgeholt und in die Mitte gelegt. Erst am Ende der Geschichte, wenn die Raupe zum Schmetterling wird, holen Sie diesen hervor und lassen ihn hin und her schweben. Besonders eindrucksvoll ist es, wenn die Schmetterlingsflügel mit Glitzer überzogen sind und diese im Licht der kleinen Lampe funkeln.
3. Nach dem Vorlesen können sich die Kinder mit den Materialien auseinandersetzen, sie anfassen und begutachten. Hier ergibt sich meistens ein Austausch unter den Kindern. Mit den Größeren (ab 4 Jahren) sollte im Anschluss ein kleines Gespräch stattfinden, in dem einzelne Sequenzen wiederholt werden (z. B. was die Raupe frisst, dass sie sich in ihren Kokon einnistet, dann schlüpft usw.). Außerdem sollte von den Kindern hier der Bezug zur Realität hergestellt werden, zum Beispiel:

- Wer hat schon einmal eine echte Raupe gesehen?
- Wie sah sie genau aus, wie groß war sie?
- Wer hat einen echten Schmetterling gesehen? Welche Farbe hatte er?

4. Anschließend kann mit den Materialien ein Erzähltisch gestaltet werden, wie in den Vormerkungen beschrieben (S. 5).

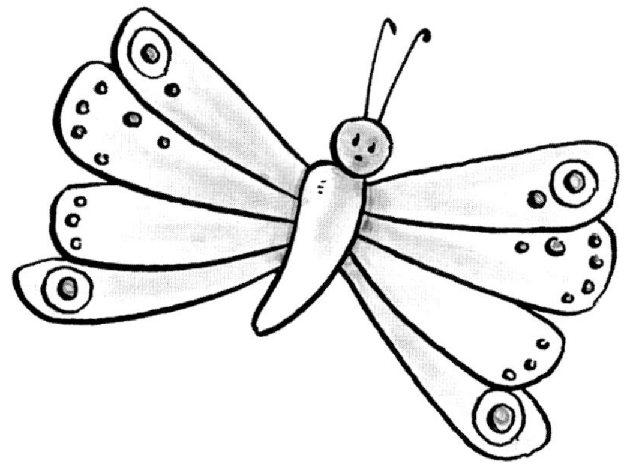

Ich sehe was, was du nicht siehst … (ab 4 Jahren)

Material:
Bilderbuch
Arbeitsanleitung:
Das Spiel sollte in Kleingruppen mit höchstens 5 Kindern gespielt werden. Es wird ganz klassisch nach den bekannten Spielregeln gespielt, aber das „Sehen“ beschränkt sich auf das Buch. Damit keine Rangelei um das Buch entsteht, sollte die Fachkraft das Buch festhalten. Ein Kind sucht sich etwas aus dem Buch aus, benennt die Farbe und die Kinder zählen die entsprechend farbigen Abbildungen aus dem Buch auf. Für den Anfang sollte man sich auf eine Seite beschränken und erst im weiteren Verlauf die Suche auf das ganze Buch ausdehnen. In letzterem Fall übergibt die Fachkraft den Kindern das Buch, sodass diese sich mit dem Umblättern absprechen müssen. Wird das Spiel mit jüngeren Kindern gespielt, so sollten nicht mehr als 3 Kinder teilnehmen, denn sonst werden die Absprachen schwierig.
Variante:
Mit den Vorschulkindern kann anstelle der Farben auch mit Präpositionen gearbeitet werden. Zum Beispiel: „Ich sehe was, was du nicht siehst, und das liegt auf einem Blatt.“ Das Kind schaut sich das Bild an und antwortet: „Auf dem Blatt liegt das weiße Ei.“ Hier ist es wichtig, dass die Kinder in ganzen Sätzen sprechen und das Gesuchte genau benennen. Eine weitere Möglichkeit wäre, die Dinge genau zu beschreiben: „Ich sehe was, was du nicht siehst, und das ist rund und lila.“ Antwort: „Das ist die Pflaume.“
Wurde das Angebot „Bespielbare Collage“ (S. 22) schon durchgeführt, können die Kinder an der Collage die Begriffe suchen. Hierbei ist es möglich, dass alle Kinder im Stuhlkreis mitspielen.

Das Obst (ab 2 Jahren)

Material:
Bilderbuch, 1 Apfel, 1 Birne, 1 Pflaume, 1 Erdbeere, 1 Orange, für jedes Kind 1 Sitzkissen, 1 Messer, 1 Teller oder Brettchen, 1 Schale
Vorbereitung:
Wählen Sie einen reizarmen Raum aus und legen Sie die Sitzkissen kreisförmig auf den Boden. Das Obst wird in die Schale gelegt und mit dem Bilderbuch in die Mitte gestellt. Messer und Teller sollten aus Sicherheitsgründen stets bei Ihnen bleiben.
Arbeitsanleitung:
1. Zuerst dürfen sich die Kinder mit dem Obst auseinandersetzen. Hören Sie bitte genau hin, was die Kinder erzählen, denn manchmal finden die Kleinsten hier schon den Bezug zur Geschichte.
2. Schließlich fordern Sie die Kinder dazu auf, das Obst grob zu beschreiben, zum Beispiel: „Die Orange ist orangefarben und rund.“ Nun suchen die Kinder im Buch nach dem entsprechenden Obst. Hierbei sollte stets der Bezug zur Geschichte hergestellt werden.
3. Anschließend eignet sich dieses Spiel: Die Kinder legen sich auf den Bauch und schließen ihre Augen. Sie verteilen das Obst im Raum (stets auf Augenhöhe der Kinder). Dann öffnen die Kinder ihre Augen und Sie zeigen ihnen eine der Obstsorten aus dem Buch. Nun gehen die Kinder auf die Suche nach der gezeigten Frucht und bringen sie zu Ihnen zurück. Der Name des Obstes sollte stets genannt werden.
4. Zum Schluss darf jede Frucht auch probiert werden. Schneiden Sie die Früchte nacheinander auf und lassen Sie die Kinder diese wieder benennen. Es ist ratsam, wirklich jede Frucht nacheinander zu essen, sodass die Kinder hier bewusst den Geschmack und die Konsistenz der Früchte wahrnehmen können. Führen Sie das Angebot auch mit älteren Kindern durch, so können diese bei der Obstbeschreibung detaillierter werden und auch auf Unterschiede eingehen. („Die Schale der Orange fühlt sich rauer an als die des Apfels. Die Form der Erdbeere gleicht einem Dreieck.“…)

Bilderbuchquiz (ab 4 Jahren)

Material:
Bilderbuch

Arbeitsanleitung:
Bei diesem Quiz stellen Sie Fragen, die die Kinder beantworten.
Teilen Sie die Kinder dazu in Kleingruppen ein. In je einer Kleingruppe sollten die Kinder einen ähnlichen Entwicklungsstand aufweisen, somit können Sie die Fragen von einfach bis schwer gestalten. Die Kinder versuchen, die Fragen ohne Hilfe zu beantworten, dürfen sich aber gegenseitig helfen oder in das Buch schauen.
Dieses Spiel ist ein guter Test, um herauszufinden, inwieweit die Kinder die Geschichte verstanden haben bzw. wiedergeben können. Nutzen Sie die hier vorgegebenen Fragen oder denken Sie sich selbst Fragen aus. Natürlich dürfen sich die Kinder auch gegenseitig Fragen stellen.

Einfache Fragen:

- Welche Farbe hat das Blatt, auf dem das Ei liegt?
- Welche Farben hat die Raupe?
- Wie viele Erdbeeren durchfrisst die Raupe?
- Welche Farbe haben Orangen?
- Frisst die Raupe auch eine Banane?
- Welche Farbe hat das Häuschen der Raupe? Kennst du auch das Wort dafür?

Mittelschwere Fragen:

- Welches Obst durchfrisst die Raupe?
- Wie heißt das Häuschen der Raupe?
- Was wird aus der Raupe, als sie ausgewachsen ist?
- Ist es Tag oder Nacht, als die Raupe aus dem Ei schlüpft?
- Was macht die Raupe, als sie Bauchschmerzen bekommt?
- Warum hat die Raupe Bauchschmerzen?
- Was macht die Raupe in dem Kokon?
- Wie viele Tage frisst die Raupe?

Schwere Fragen:

- Wo ist die kleine Raupe, als sie noch nicht geschlüpft ist?
- Welche Tageszeit ist es, als die Raupe noch nicht geschlüpft ist?
- Und welche Tageszeit ist es, als die Raupe schlüpft?
- Was sucht die Raupe?
- Zähle auf, was die Raupe alles frisst.
- Warum frisst die Raupe und was passiert mit ihr?
- An welchem Wochentag frisst sie was?
- Erzähle, was nach dem Fressen passiert.
- Erzähle noch einmal die Verwandlung der Raupe vom Ei zum Schmetterling.

Wo befindet sich was? – Präpositionen üben (ab 5 Jahren)

Material: Bilderbuch

Arbeitsanleitung:
Das Angebot sollte am besten in der Leseecke mit maximal 4 Kindern stattfinden. Die Kinder können die Geschichte mit ihren eigenen Worten wiedergeben oder zu einzelnen Seiten erzählen. Stellen Sie zu jeder Seite Fragen zur Raum-Lage-Wahrnehmung. Bitte achten Sie hier darauf, dass die Kinder nicht nur mit einem Wort, sondern in vollständigen Sätzen antworten.
Fragebeispiele:
- Befindet sich das Ei auf oder unter dem Blatt?
- Hängt das Blatt links oder rechts vom Baum?
- Wo sind die Fühler am Kopf der Raupe? Oben oder unten?
- Kriecht die Raupe nach unten oder nach oben, als sie den Apfel durchgefressen hat?
- Zu welchen Seiten richten sich die Blätter auf den Pflaumen?
- Sage genau, wo die Blätter der Erdbeeren sind.
- Was frisst die Raupe vor dem Käse?
- Was frisst die Raupe zwischen dem Schokokuchen und der Gurke?
- In welche Richtung kriecht die Raupe, nachdem sie sich durch das Blatt gefressen hat?

Fingerspiel „Auf einem kleinen Blatt“ (ab 2 Jahren)

Auf einem Blatt lag ein kleines Ei.	*Hand ausstrecken; Fingerspitzen der anderen Hand zusammendrücken und auf die Handfläche legen.*
Bei Sonnenaufgang brach die Schale und eine kleine Raupe schlüpfte hinaus.	*Die „Ei-Finger“ spreizen und mit dem Zeigefinger wackeln.*
Sie wanderte umher …	*Den Zeigefinger wackelnd hin und her bewegen.*
und fraß sich durch Äpfel … Birnen … Pflaumen … Erdbeeren … Orangen und viele andere Lebensmittel.	*Zeigefinger und Daumen aneinanderhalten, sodass sich ein Kreis bildet. Den Zeigefinger der anderen Hand mehrmals hindurchschieben und wieder herausziehen.*
Dann hatte die Raupe gewaltige Bauchschmerzen.	*Mit der flachen Hand über den Bauch reiben. Dabei wehleidig schauen.*
Am Abend knabberte sie an einem Blatt.	*Mit dem Zeigefinger wackeln, zu ausgestreckter Handfläche hinbewegen und anstupsen.*
Und es ging ihr gleich besser.	*Mit der flachen Hand über den Bauch streichen und dabei zufrieden schauen.*
Als sie satt war, baute die Raupe sich ihren Kokon …	*Fingerspitzen beider Hände zusammendrücken und aneinanderstupsen.*
und schlief viele, viele Tage.	*Kopf schräg legen, Handflächen an die Wange legen und die Augen schließen.*
Irgendwann brach der Kokon auf …	*Fingerspitzen beider Hände zusammendrücken und dann ruckartig die Finger spreizen.*
und ein wunderschöner Schmetterling flog davon.	*Die Arme ausbreiten und hin und her flattern.*

Gedicht (ab 3 Jahren)

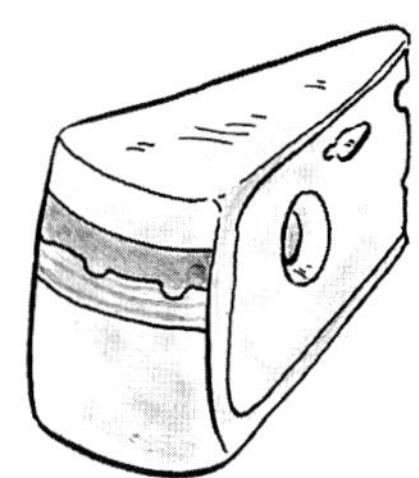

Aus dem Ei geschlüpft, nach der Vollmondnacht,
ist die kleine Raupe Nimmersatt erwacht.
Am Sonntag sucht sie Futter, Stund um Stund.
Am Montag findet sie einen Apfel, rot und rund.
Am Dienstag frisst sie gelbe Birnen, davon zwei.
Am Mittwoch frisst sie Pflaumen und zwar drei.
Am Donnerstag schmecken ihr vier süße Erdbeeren
und am Freitag kann sie fünf Orangen verzehren.
Am Sonnabend sind es Eiswaffel, Gurke und Würstchen,
Früchtebrot, Lolli, Käse, Melone und Törtchen.
Am Sonntag findet sie ein grünes Blatt
und ist jetzt endlich richtig satt.
Groß und dick baut sie sich einen Kokon
und erholt sich zwei Wochen lang davon.
Dann schlüpft sie als großer Schmetterling,
oh, du wunderschönes, tolles Ding!

Buchstabensalat (ab 5 Jahren, ab 2 Spielern)

Material:
1 Apfel, 1 Orange, 1 Erdbeere, 1 Pflaume, 1 Birne, 1 Lolli, 1 Raupe (Stofftier oder selbst gebastelt, s. S. 17), 1 Blatt, 1 große Schüssel, einige DIN-A4-Bögen Papier, 1 Stift

Spielregeln:
1. Das Obst, das Blatt, die Raupe und der Lolli werden in die Schüssel, Papier und Stift daneben gelegt. Die Kinder sitzen um die Schüssel herum.
2. Sie oder ein Kind nennt einen Buchstaben, mit dem eines der Materialien beginnt, zum Beispiel „R" für Raupe, und schreibt ihn auf einen Bogen Papier.
3. Ein anderes Kind nimmt das Material aus der Schüssel, das mit „R" beginnt – in diesem Fall die Raupe. Dann darf dieses Kind einen Buchstaben nennen und aufschreiben, sodass ein weiteres Kind in die Schüssel greifen darf, um sich den passenden Gegenstand herauszunehmen. So geht es reihum, bis die Schüssel leer ist. Natürlich können Sie auch weitere Materialien verwenden, um ein größeres Angebot zu schaffen.

Hinweis:
Sprechen Sie den Buchstaben nicht wie im Alphabet lautiert aus, sondern so, wie er am Anfang des Wortes klingt, also nicht „err" für das „R", sondern „Rrr".
Das Schreiben des Buchstabens auf dem Papier ist nicht unbedingt notwendig, dient aber der Veranschaulichung und gibt den Kindern ein Bild von der Schreibweise.

Finde das Wort wieder (ab 5 Jahren)

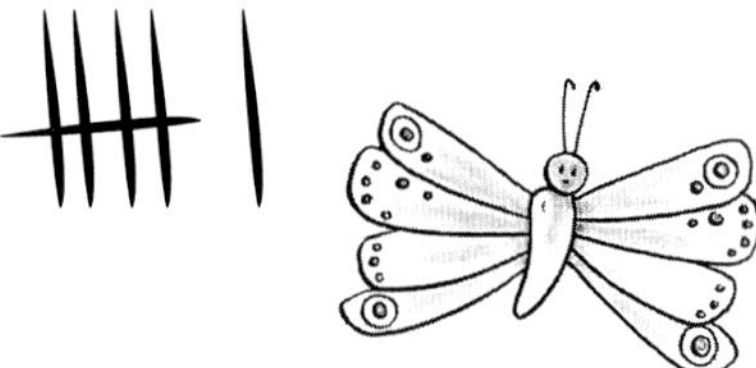

Material:
Bilderbuch, einige Bögen Papier, 1 Stift, evtl. 1 Lupe

Spielregeln:
Schreiben Sie ein Wort auf, welches im Buch mehrmals vorkommt, zum Beispiel „Raupe“.
Ein oder zwei Kinder vergleichen nun die Wörter auf den Bilderbuchseiten mit dem Wort, das Sie aufgeschrieben haben. Sie zählen, wie oft sie das Wort Raupe im Buch finden. Als Hilfestellung können die Kinder auch eine Strichliste führen und jedes Mal einen Strich machen, wenn sie das Wort entdeckt haben. Noch reizvoller wird es, wenn die Kinder die Wörter mit einer Lupe im Buch suchen.
Wichtig ist, dass Sie sich an die Schreibweise im Buch halten. Sind die Buchstaben im Wort alle groß geschrieben, so müssen Sie das Wort ebenfalls groß schreiben.
Nach etwas Übung können die Kinder das Spiel auch allein durchführen. Dazu schreiben sie sich gegenseitig die Wörter auf, die sie suchen sollen. Noch einmal schwieriger wird es, wenn nur einzelne Silben verwendet werden, zum Beispiel „Rau“.

Buchstaben nachspuren (ab 3 Jahren)

Material:
Bilderbuch, mindestens 40 Fotokartonkarten (etwa in Visitenkartengröße), 1 Rolle Kordel oder Packband, 1 Heißklebepistole, 1 Schere, 1 Stift, 1 Tafel, Kreide, 1 Tafelschwamm, 1 Kartonstreifen (ca. 30 cm x 10 cm), 1 Klettband oder mindestens 40 Klettpunkte

Vorbereitung:
Auf jede Karte wird mit dem Stift ein großer Druckbuchstabe aufgemalt. (Die gängigen Buchstaben wie E, A, I, R, S, T, N, L usw. sollten mehrmals vorkommen, damit Wörter gebildet werden können.) Anschließend die Kordel (das Band) mit Hilfe des Klebers auf die Buchstabenlinie kleben, sodass ein Kordelbuchstabe entsteht.
Auf die Rückseite jeder Karte wird ein Stück Klettband bzw. ein Klettpunkt aufgeklebt. Das Gegenstück findet auf dem Kartonstreifen Platz. Auf dem Kartonstreifen müssen die Abstände der Klettpunkte so gesetzt sein, dass die Karten passend nebeneinander daran haften können.

Arbeitsanleitung:
1. Zunächst können sich die Kinder mit den Buchstabenkarten befassen und die Kordel mit den Fingern nachfahren. Dabei benennen die Kinder die Buchstaben oder Sie sagen sie den Kindern vor.
2. Je nach Fähigkeiten können die Kinder zunächst eigene Wörter oder ihre Namen auf dem Streifen zusammenkletten.
3. Schließlich wird das Buch dazugenommen und einzelne Wörter daraus, wie zum Beispiel „Raupe“, werden gebildet. Wichtig ist, dass die Kinder die Buchstaben mit dem Finger nachspuren, damit sie die Symbole taktil wahrnehmen und sich der Form der einzelnen Buchstaben bewusst werden.

Weitere Spielmöglichkeit:
Die Tafel samt Zubehör kann ebenso verwendet werden. Dazu schreiben Sie oder die Kinder – sofern möglich – Wörter aus dem Buch an die Tafel. Ein Kind muss nun das Wort mit Hilfe der Karten, genauso wie es an der Tafel steht, auf den Kartonstreifen kletten.
Es funktioniert auch andersherum: Ein Kind klettet ein Wort auf den Streifen. Dieses Wort schreibt ein anderes Kind auf die Tafel.

Klanggeschichte „Die Raupe Nimmersatt“ (ab 2 Jahren)

Material:
Bilderbuch, 1 Paar Klangstäbe, 1 Ratsche, 1 Triangel, 1 Paar Zimbeln, 1 Plastikflasche

Vorbereitung:
Wählen Sie einen geräuscharmen Raum und legen Sie die Instrumente / Gegenstände aus.

Arbeitsanleitung:
1. Jedes Kind sucht sich ein Musikinstrument / einen Gegenstand aus.
2. Nun wird die Geschichte Seite für Seite vorgelesen. Nach jeder gelesenen Seite darf das jeweilige Kind das entsprechende Instrument spielen (s. u.). Da die Ratsche an den Wochentagen mehrmals hintereinander zum Einsatz kommt, reichen die Kinder sie einfach untereinander weiter. Am besten nicken Sie dem entsprechenden Kind zu.

Vorlesetext	Musikinstrument
Nachts, im ...	*Triangel spielen.*
Und als an ...	*Mehrmals auf die Plastikflasche drücken.*
Sie machte sich ...	*Ein paar Mal mit den Klangstäben klopfen.*
Am Montag ...	*1 Mal über die Ratsche fahren und dann mit dem Mund schmatzende Geräusche machen.*
Am Dienstag ...	*2 Mal über die Ratsche fahren und dann mit dem Mund schmatzende Geräusche machen.*
Am Mittwoch ...	*3 Mal über die Ratsche fahren und dann mit dem Mund schmatzende Geräusche machen.*
Am Donnerstag ...	*4 Mal über die Ratsche fahren und dann mit dem Mund schmatzende Geräusche machen.*
Am Freitag ...	*5 Mal über die Ratsche fahren und dann mit dem Mund schmatzende Geräusche machen.*
Am Sonnabend ...	*10 Mal über die Ratsche fahren und dann mit dem Mund schmatzende Geräusche machen.*
Der nächste Tag ...	*Die Zimbeln schlagen.*
Sie war nicht ... & Sie baute sich ...	*Mehrmals auf die Plastikflasche drücken.*
war ein wunderschöner ...	*Die Kinder legen die Hände an ihre Wangen und sagen „Ooohhhh“.*

Wochenplan (ab 4 Jahren)

Material: Bilderbuch, 2 DIN-A4-Bögen, 1 Lineal, 1 Bleistift, Buntstifte

Arbeitsanleitung:

1. Zunächst wird der Wochenplan der Raupe wiederholt. Wann frisst sie sich durch die Lebensmittel? Hier müssen die Tage ganz klar benannt werden. Das Bilderbuch kann natürlich als Hilfe dienen.
2. Anschließend gehen Sie zu dem eigenen Wochenplan über. Dabei starten Sie am Montag, gehen Tag für Tag weiter und überlegen gemeinsam mit den Kindern, was die einzelnen Tage auszeichnet. Hierbei sollten wöchentlich wiederkehrende Aktivitäten aufgezählt werden, damit die Kinder sich die Tage anhand der Aktivitäten schneller einprägen können und somit den Wochenablauf schneller verstehen (z. B. Montag ist Turnen, Dienstag gehen wir in den Wald, Mittwoch ist Vorschule usw.).
3. Auf die zwei DIN-A4-Bögen werden nun zwei Tabellen mit zwei Zeilen und sieben Spalten gemalt.
4. Ein Bogen ist der Wochenplan der Raupe. Hier werden in die obere Zeile die sieben Wochentage eingetragen und darunter die Lebensmittel gemalt, die sie frisst.
5. Der zweite Plan ist der Wochenplan Ihrer Kindergartengruppe, auf welchem nun in die obere Zeile wieder die sieben Wochentage eingetragen und in die untere die immer wiederkehrenden Aktivitäten des Tages gemalt werden. Das Malen übernehmen die Kinder.
6. Beide Pläne hängen Sie in der Themenecke auf und besprechen die Wochentage regelmäßig.

Hinweis: Es ist sehr empfehlenswert, einen Wochenplan anzufertigen, an dem sich die Kinder orientieren können. Hier eignen sich als Alternative auch Magnettafeln sehr gut, auf die mit wasserlöslichen Stiften geschrieben werden kann. Gibt es schon feststehende Termine, zum Beispiel einen Ausflug o. Ä., werden diese auf dem Plan vermerkt, damit die Kinder sehr genau erkennen können, wie viele Tage es noch bis zu der Aktion dauert. Alternativ können auch Fotos, Bilder oder Flyer an die Magnetwand gehängt werden, die das anstehende Ereignis ankündigen.

Kokons bauen (ab 3 Jahren)

Material: große Dinge, mit denen sich die Kinder Kokons bauen können (z. B. Wäschekörbe, Umzugskisten …), viele Decken und Kissen, 1 CD-Player, 1 CD mit Entspannungsmusik oder das Bilderbuch
Vorbereitung: Wählen Sie einen reizarmen Raum aus oder entfernen / bedecken Sie störende Reize. Die Materialien werden an einer Seite des Raumes gesammelt, sodass sich die Kinder hier bedienen können.

Arbeitsanleitung:

Dieses Angebot sollte in Kleingruppen mit maximal 6 Kindern durchgeführt werden, da die Wäschekörbe / Kisten etc. reichlich Platz im Raum einnehmen. Außerdem sollte das Angebot zuerst mit älteren Kindern durchgeführt werden, damit die jüngeren Kinder das Gebaute nutzen können bzw. nur noch ein wenig umbauen müssen.

1. Bitten Sie die Kinder, sich zuerst in der Mitte des Raumes zusammenzufinden. Nun überlegen / wiederholen alle, in was sich die kleine Raupe Nimmersatt nach dem großen Fressen zurückgezogen hat und was genau ein Kokon ist.
2. Anschließend können sich die Kinder aus den vorhandenen Materialien ihre eigenen Kokons bauen. Falls Kinder mit Platzangst dabei sind, können diese sich ein Nest o. Ä. auf dem Boden bauen.
3. Bitten Sie die Kinder, ihre Plätze in den gebauten Kokons einzunehmen und es sich so bequem wie möglich zu machen.
4. Schalten Sie die Musik ein, sodass die Kinder ihr lauschen können, oder lesen Sie das Bilderbuch noch einmal vor. Alternativ kann auch die Fantasiereise (S. 15) durchgeführt werden.
5. Anschließend baut jedes Kind seinen Kokon wieder ab und räumt die Materialien weg.

Fantasiereise (ab 3 Jahren)

Material:
1 CD mit Entspannungsmusik, 1 CD-Player, Kissen, Decken, Isomatten, schwach leuchtende Lampen (Lavalampen oder Sprudelsäulen), Geschichte (s. u.), ggf. Stifte, Papier und Malunterlagen

Vorbereitung:
Wählen Sie einen ruhigen Raum aus und entfernen oder bedecken Sie alle störenden Reize. Die Isomatten, Decken und Kissen werden im Raum verteilt. Bereiten Sie den CD-Player mit der passenden Musik vor. Schalten Sie die Lampen an und vermeiden Sie flackerndes oder helles Licht.

Arbeitsanleitung:
Bereiten Sie die Kinder auf das Kommende vor, indem Sie erklären, dass Sie nun eine Geschichte vorlesen werden und gleichzeitig leise Musik läuft. Die Kinder schließen die Augen. Dabei können sie ihren Körper ganz entspannt liegen lassen. Liegen oder sitzen alle Kinder, kann die Erzieherin beginnen. Dabei ist es sehr wichtig, die Geschichte langsam und leise vorzulesen. Am besten machen Sie nach jedem zweiten Satz ein paar Sekunden Pause. Dann können die Kinder die Sätze leichter aufnehmen und haben Zeit, sich das Gelesene vorzustellen. Bitte erwarten Sie nicht, dass alle Kinder zuhören. Viele nutzen die Zeit, um sich auszuruhen und sich einfach der Entspannung hinzugeben.
Im Anschluss kann besprochen werden, was die Kinder gesehen und gespürt haben. Stellen Sie Stifte und Papier bereit und fordern Sie sie auf, einfach etwas zu malen, was ihnen in dem Moment in den Sinn kommt. Das Malen nach der Fantasiereise hat den positiven Effekt, dass die Kinder langsam von der Ruhephase wieder in die aktivere Phase zurückkehren können. Der Übergang von einer ruhigen Atmosphäre zurück in die laute Gruppe sollte behutsam erfolgen. Der Geräuschpegel wird als wesentlich lauter empfunden als vorher und die entspannte Haltung des Kindes sollte nicht so rasch wieder verfliegen.

Geschichte:
Schließe deine Augen und stelle dir vor, du bist die kleine Raupe Nimmersatt … Du liegst in einem schönen, warmen Ei und um dich herum ist es beinahe dunkel … Auf einmal möchtest gerne hinaus, die Welt sehen … Außerdem spürst du in deinem Bauch großen Hunger … Du drückst dich sanft gegen die Schale … und dann macht es kkrrkkk … Die Schale bricht … und warmes helles Licht strömt zu dir … und du siehst die Welt vor dir … Ist das schön … Dein Bauch meldet sich wieder … Langsam kriechst du los … Es dauert gar nicht lange, bis vor dir ein Apfel auf dem Weg liegt … Du knabberst an ihm und er schmeckt so wundervoll süß … Als du im Apfel steckst, siehst du, dass alles weißgelb und ein bisschen feucht ist, aber es ist sehr schön hier … Dann kriechst du aus dem Apfel heraus … Aber eigentlich bist du noch gar nicht satt … Ein Glück, dass du kurz darauf zwei Birnen findest … Du knabberst die Birnen an … Mmh, sehr lecker … Hier ist es ebenfalls feucht, weißgelb und auch etwas klebrig … Dann kriechst du heraus … Doch dein Magen knurrt noch immer … Macht nichts, denn plötzlich tauchen drei Pflaumen vor dir auf … Lila und rund liegen sie da … Du schmeckst die süße Frucht … und merkst, dass auch diese sehr gut sind … Du frisst dich durch die erste … Diesmal ist alles um dich herum ganz dunkel … Kein Wunder bei der lilafarbenen Schale … Dann frisst du dich durch die zweite Pflaume … und dann durch die dritte … Bist du jetzt satt? … Hm … nein, immer noch nicht … Darum bewegst du dich weiter vorwärts … Da … vier Erdbeeren … Erdbeeren magst du gern … Die sind schön rot und wunderbar süß … Du frisst dich ganz schnell durch alle vier hindurch … Aber satt bist du danach immer noch nicht … Gut, dass du jetzt an fünf Apfelsinen vorbeikommst … Die sehen ja richtig erfrischend aus und riechen so fantastisch … Du knabberst dich in die erste hinein … Diesmal ist alles nass und hell … und orange … Bald hast du die erste Apfelsine geschafft … Dann kommt die zweite … dann die dritte … Bei der vierten wirst du etwas langsamer … Und dann hast du dich auch schon durch die fünfte Apfelsine gefressen … Puh, und plötzlich entdeckst du viele weitere leckere Köstlichkeiten … Schokoladenkuchen … eine Eiswaffel … eine saure Gurke … eine Scheibe Käse … Wurst … einen Lutscher … Früchtebrot … ein Würstchen … ein Törtchen … und ein Stück Melone … Das war ganz

schön viel … Du reibst dir über den Bauch und merkst, wie voll er ist … Puh … Langsam tut dir der Bauch ganz schön weh … Du hast wohl doch zu viel gegessen … Besser du legst dich hin und ruhst dich ganz kurz aus … Aber dann geht es weiter … Du kriechst zu einem grünen Blatt … und knabberst daran … Dann geht es dir besser … der Bauch tut nun nicht mehr so schlimm weh … Ein Glück, aber satt bist du trotzdem sehr … Du merkst, dass du jetzt gar nicht mehr so klein bist … Nein, du fühlst dich groß und dick … Die Bewegungen werden immer schwerer und mühsamer … Am besten baust du dir jetzt ein kleines Häuschen und legst dich schlafen … Als du fertig bist, legst du dich in deinen kleinen Kokon … Mmh, kuschelig ist es und warm … Hier bleibst du viele, viele Tage und erholst dich von dem vielen Essen … Doch irgendwann spürst du, wie du dich veränderst … Es wird immer enger in dem Kokon … Gut, dass du weißt, wie man wieder herauskommt … Du frisst ein kleines Loch in die Kokonwand und schlüpfst nach draußen … Hier, wo die warme Sonne dich wieder empfängt … Doch diesmal kriechst du nicht mehr, denn aus dir ist ein schöner Schmetterling geworden … Du breitest deine Flügel aus … und fliegst durch die schöne bunte Welt … Oh … es ist so wundervoll, ein Schmetterling zu sein.

Mitmach-Geschichte (ab 2 Jahren)

Arbeitsanleitung:
Die Kinder finden sich in einem Kreis zusammen. Lesen Sie den untenstehenden Text vor, den Sie und die Kinder gleichzeitig mit Bewegungen begleiten. Zuerst knien sich alle Kinder auf den Boden und rollen sich zusammen. Dies ist die Ausgangsposition, mit der die Geschichte beginnt.

Die kleine Raupe Nimmersatt
Nachts lag reglos auf einem Blatt ein kleines weißes Ei *(alle Kinder verharren in ihrer Position).* Als am nächsten Tag die Sonne erwachte, brach die Eierschale entzwei und eine kleine Raupe reckte sich empor *(langsam strecken sich die Kinder und begeben sich in Bauchlage).* Nachdem sie aus dem Ei geschlüpft war, kroch die kleine Raupe los, um sich etwas zu fressen zu suchen *(alle kriechen durch den Raum).* Am Montag knabberte sie sich durch einen Apfel *(beim Kriechen Schnappbewegungen mit dem Mund machen),* aber Hunger hatte sie trotzdem noch *(sich aufrichten und nickend über den Bauch streichen).* Am Dienstag fand sie zwei Birnen und knabberte sich hindurch *(beim Kriechen Schnappbewegungen mit dem Mund machen),* aber Hunger hatte sie trotzdem noch *(sich aufrichten und nickend über den Bauch streichen).* Am Mittwoch fand sie drei Pflaumen und fraß sich hindurch *(s. o.),* aber Hunger hatte sie trotzdem noch *(s. o.).* Am Donnerstag fand sie vier Erdbeeren und knabberte sich hindurch *(s. o.),* und auch danach hatte sie noch Hunger *(s. o.).* Am Freitag fand sie fünf Apfelsinen und aß sich hindurch *(s. o.),* aber auch danach war sie noch hungrig *(s. o.).* Also kroch sie weiter und fand am Samstag Kuchen, Eis, eine Gurke, Käse, Wurst, einen Lolli, Früchtebrot, Würstchen, Törtchen und Melone. Durch all das fraß sie sich hindurch *(beim Kriechen Schnappbewegungen mit dem Mund machen)* und bekam am Abend kräftige Bauchschmerzen *(sich aufrichten und diesmal kopfschüttelnd mit weinerlichem Gesichtsausdruck über den Bauch streichen).* Und dann war wieder Sonntag. Da knabberte sie sich durch ein grünes, frisches Blatt *(beim Kriechen Schnappbewegungen mit dem Mund machen)* und fühlte sich danach besser *(sich aufrichten und lächelnd über den Bauch streichen).* Jetzt war sie endlich satt. Doch nun war sie nach all dem vielen Essen eine große, dicke Raupe geworden *(Oberkörper aufrichten, Finger ineinander verschränken und die Arme nach vorne ausstrecken. Dabei die Arme hin und her bewegen).* Sie baute sich einen Kokon *(mit den Armen etwas zu sich heranholen)* und kuschelte sich darin ein *(sich in die Ausgangsposition oder in die Embryonalstellung begeben und einen Moment verharren).* Nach vielen Tagen fraß sie ein Loch in die Kokonwand und drückte sich nach draußen *(Arme und Beine schwer nach außen drücken und sich langsam hinstellen).* Und plötzlich war aus der Raupe ein wunderschöner Schmetterling geworden *(Arme ausbreiten und flügelschlagend durch den Raum gehen).*

Spiel „Perlenraupe“ (ab 3 Jahren, für 2 – 4 Spieler)

Material:
4 Wollfäden (mindestens 15 cm lang), 20 grüne Perlen, 4 rote Perlen, Kopiervorlage „Zahlenkarten“ (S. 25) und „Würfel“ (S. 18), Buntstifte oder Filzstifte, Schere, Laminiergerät und -folie, 1 weißer DIN-A4-Bogen, Tonkarton, Klebstoff

Vorbereitung:
Kopiervorlage „Würfel“ ein Mal kopieren. Die Lebensmittel der Vorlage „Zahlenkarten“ vergrößern und vier Mal kopieren.

Arbeitsanleitung:
1. In ein Ende der Wollfäden einen Knoten machen, sodass die Perlen nicht hinunterrutschen können.
2. Dann fädeln die Kinder auf jeden Faden 5 grüne und 1 rote Perle auf. Auch hier wird nach der letzten Perle ein Knoten in den Faden gemacht. Der überstehende Wollfaden bleibt hängen und an dessen Ende wird ebenfalls ein Knoten gemacht.
3. Die Kopiervorlage „Würfel“ ausschneiden. Die Kinder malen die einzelnen Bildchen nach den Farben aus dem Buch an.
4. Den Würfel auf den Tonkarton kleben. Hierbei ist es ratsam, immer eine Würfelseite mit Klebstoff zu bestreichen und auf den Tonkarton zu kleben. Dieser wird dann an der Würfellinie gefalzt und erst dann wird das nächste Würfelquadrat beklebt. Klebt man den ganzen Würfel gleichzeitig auf, kann es passieren, dass sich die Würfelseiten verziehen und dann die Würfelrandlinien nicht mehr mit der Falz übereinstimmen. Alternativ kann die Kopiervorlage gleich auf den Tonkarton oder ähnlich stärkeres Papier kopiert werden.
5. In die Lebensmittelkarten Löcher schneiden. Die Löcher müssen etwas größer als die Perlen sein. Die Karten ausmalen und ausschneiden.
6. Die ausgemalten Bilder laminieren und die Löcher erneut ausschneiden. Hier bitte darauf achten, dass jede Frucht einzeln laminiert wird.

Spielregeln:
Variante 1:
Jeder Teilnehmer erhält eine Perlenraupe und jedes Lebensmittel ein Mal. Der jüngste Spieler fängt an und würfelt. Das Lebensmittel, welches er gewürfelt hat, zieht er durch die Perlenraupe hindurch, bis es am anderen Knotenende angekommen ist. Dann ist der nächste Spieler an der Reihe.
Wer etwas würfelt, was nicht mehr vorhanden ist, muss den Würfel weitergeben und zieht nichts auf den Wollfaden. Es wird so lange gespielt, bis ein Teilnehmer alle Lebensmittel auf den Wollfaden gezogen hat. Wird der Joker gewürfelt, darf der Spieler sich eine Lebensmittelkarte aussuchen, die ihm noch fehlt.

Variante 2:
Es liegt nur ein Satz Lebensmittel in der Mitte des Tisches. Jeder Teilnehmer erhält eine Perlenraupe.
Es wird reihum gewürfelt und jeder füttert seine Raupe mit dem entsprechenden Lebensmittel. Wenn alle Lebensmittel weg sind, gewinnt derjenige das Spiel, der die meisten Lebensmittel auf seine Perlenraupe gezogen hat.

Variante 3:
Das Spiel kann ganz einfach zu einem Lernspiel gemacht werden: Jedes Kind schiebt die Lebensmittel in der richtigen Reihenfolge auf die Raupe, genau so, wie es im Buch angegeben ist.

Kopiervorlage „Würfel“

(Bitte ggf. hochkopieren.)

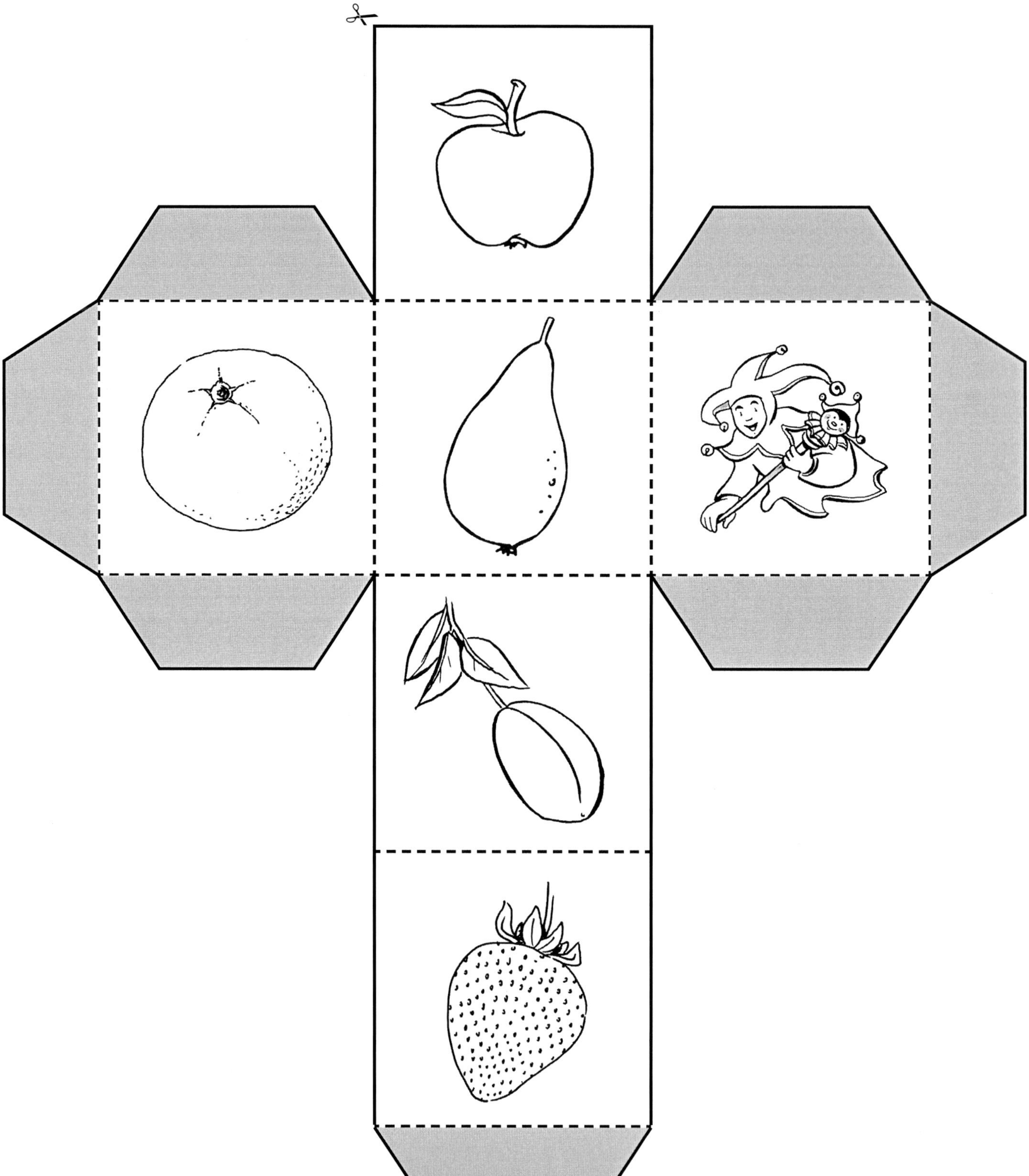

Pusteraupe (Mundmotorik) (ab 3 Jahren)

Material:
pro Kind 1 Strohhalm und 1 Erdnussflip, 1 Tisch, viele Bauklötze, ggf. mehrere Blätter Papier, 1 Stift, 1 – 2 Toilettenpapierrollen, Bausteine, Pappstreifen, Klebeband

Vorbereitung:
Aus den Bauklötzen wird ein Gang gebaut, dessen Seitenwände etwa drei Steine hoch sind. Hierbei können die Kinder gut mithelfen. Der Weg sollte mindestens 1 Meter lang sein und viele Ecken und Winkel haben. Es ist hilfreich, wenn Sie die Wegstrecke auf dem Papier vorzeichnen, dieses aufkleben, und die Kinder darauf die Steine zusammensetzen. Ist die Wegstrecke fertig gebaut, beginnt das Spiel.

Spielregeln:
Ein Kind legt 1 Erdnussflip an den Anfang der Wegstrecke und versucht, ihn nun mit dem Strohhalm durch den Gang zu pusten. Je mehr Ecken und Winkel der Gang hat, umso schwieriger wird es, da das Kind die Atemluft dosieren muss.
Möchten Sie die Strecke noch etwas schwieriger gestalten, so kann der Erdnussflip auch durch Tunnel (Toilettenpapierrolle), über Steigungen oder Brücken (Pappstreifen auf Bausteine kleben) gepustet werden. Eine weitere Schwierigkeitsstufe ist erreicht, wenn die Wände des Ganges nicht berührt werden dürfen. Dies eignet sich allerdings nur für die Vorschulkinder, die etwas mehr Übung in der Atmungskontrolle haben.

Obst transportieren (Mundmotorik) (ab 3 Jahren)

Material:
pro Kind 1 Esslöffel oder Teelöffel, Äpfel, Birnen, Pflaumen, Erdbeeren, Wassermelone, Orangen, 1 Messer, Brettchen, 1 Teller, 1 Raupe (gebastelt oder als Stofftier), evtl. einige Seile
für die Alternative: 1 Strohhalm pro Kind, Früchte der Zahlenkarten (S. 25)

Vorbereitung:
Die Früchte werden in mundgerechte Stücke geschnitten und auf einen Teller gelegt. Die Raupe wird an einem bestimmten Ort in der Gruppe platziert und bildet das Ende des Transportweges.

Spielregeln:
1. Zunächst wird mit den Kindern der abzugehende Weg besprochen (z. B. um den Maltisch herum zur Küchenzeile, dann von dort durch die Puppenecke zur Raupe). Sind die Kinder noch nicht in der Lage, sich den Weg zu merken, können Sie Seile auf den Boden legen, um die Wegstrecke zu markieren.
2. Jedes Kind erhält einen Löffel und klemmt sich das Löffelende zwischen die Lippen. Die jüngeren Kinder bekommen einen Teelöffel und die älteren einen Esslöffel. Sie legen ein Obststück in die Löffelmulde, welches das Kind nun zur Raupe bringen soll. Das Fruchtstück darf dabei nicht auf den Boden fallen.
3. Bei der Raupe angekommen, darf jedes Kind sein Obststück verspeisen.

Alternative:
Dieses Spiel eignet sich auch als Ansaugspiel: Dazu werden Strohhalme und die Früchte der Zahlenkarten (S. 25) benötigt. Bitten Sie die Kinder, immer eine Karte mit dem Strohhalm anzusaugen und diese so über den Parcours zur Raupe zu transportieren.

Der Weg der Raupe (ab 4 Jahren)

Kannst du der Raupe helfen? ✏ Folge der Linie mit einem Stift.
Finde den Weg zum Blatt.

Was ist hier falsch? (ab 4 Jahren)

Was gehört nicht in die Reihe? ✏○ Kreise ein.

   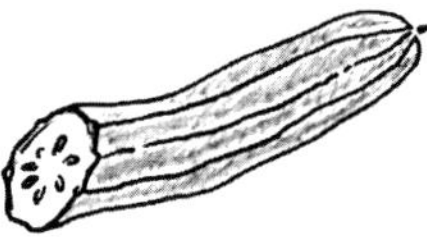

 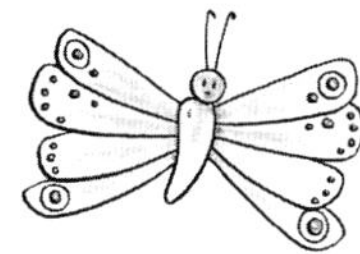 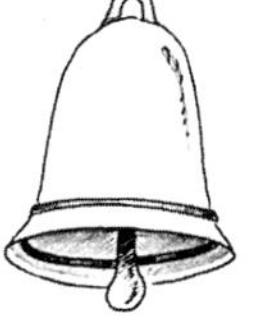 

   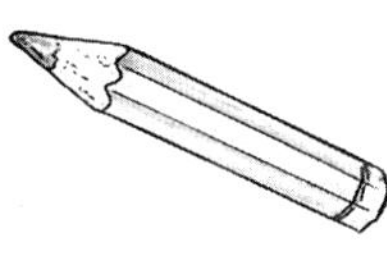

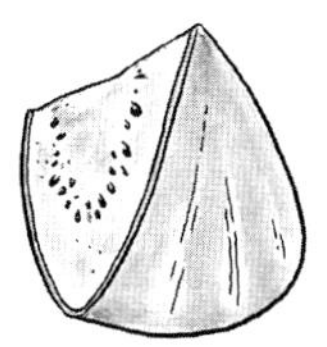   

  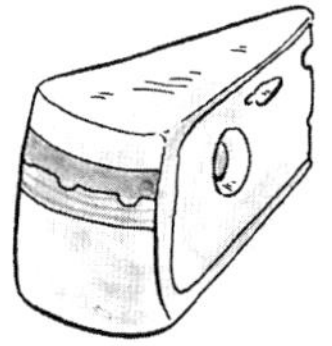 

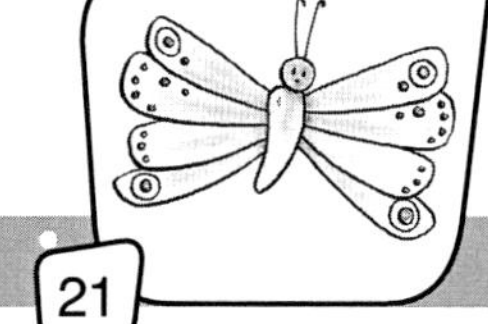

Bespielbare Collage (ab 3 Jahren)

Material:
1 Umzugskarton, 6 weiße DIN-A3-Tonkartonbögen, 1 Cuttermesser, 1 Cutterunterlage, 1 Heißklebepistole, Klebstoff, 1 Bogen braunes Tonpapier oder Strukturpapier (mit Rindenstruktur), 2 Baumblätter, 6 Styropor- oder Pappmachékugeln mit ca. 3–6 cm Durchmesser (alternativ grüne und rote Wolle und Pappkreise oder Filzwolle), 1 grüner Pfeifenputzer, grüne und rote Fingerfarbe, Malunterlagen, 2 Farbtöpfchen, 2 Pinsel, Malkittel für die Kinder, 1 schwarzer Filzstift, Buntstifte, Fotos der Lebensmittel aus dem Bilderbuch, 1 Digitalkamera, 1 Bogen braunes Transparentpapier, 1 Blatt Papier, Klebstoff, mindestens 3 Scheren und 3 Bleistifte, Kopiervorlage „Schmetterling" (S. 23) oder Tonpapier in beliebigen Farben

Hinweis:
An diesem Bastelangebot können sich alle Kinder der Gruppe beteiligen. Dazu besprechen Sie vorher mit den Kindern, was genau getan werden muss, und teilen die einzelnen Bastelangebote auf die Kinder auf. So können mehrere Kinder gleichzeitig arbeiten, ohne sich in die Quere zu kommen, und jeder trägt etwas zum Endergebnis bei. Die jüngsten Kinder übernehmen zum Beispiel Malarbeiten, während die älteren Kinder die Schneide- und Klebearbeiten durchführen.

Vorbereitung:
Der Untergrund der Collage (Umzugskarton und Tonkartonbögen) wird am besten auf dem Boden gebastelt, da hierfür ausreichend Platz benötigt wird. Die Tonkartonmenge variiert je nach Größe des Umzugskartons, sodass entweder mehr oder weniger gebraucht wird. Die Kombination Tonkarton und Umzugskarton wirkt auf den ersten Blick vielleicht übertrieben, aber die Praxis zeigt, dass dies die stabilste Variante ist. Papierbögen würden durch das später entstehende Gewicht oder beim Spielen schnell einreißen.
Die Fotos der Lebensmittel aus dem Buch ausdrucken.

Arbeitsanleitung:
1. Der Umzugskarton wird mit dem Cuttermesser an einer Seite so aufgeschnitten, dass er der Länge nach auf den Boden gelegt werden kann. Die überlappenden Teile (Boden und Deckel des Kartons) werden ebenfalls abgeschnitten.
2. Die weißen Tonkartonbögen werden im Querformat nebeneinander auf den Umzugskarton geklebt. Hier vorzugsweise mit Heißkleber arbeiten, damit sich der Tonkarton später nicht so schnell vom Karton löst. **Nur Fachkräfte arbeiten mit der Heißklebepistole!** Überstehende Umzugskartonflächen werden ebenfalls abgeschnitten, sodass nur noch die weiße Fläche übrig bleibt.
3. Aus dem braunen Tonpapier wird ein Streifen für den Baumstamm abgeschnitten und zusammen mit dem Blatt an den Rand der weißen Fläche geklebt.
4. Ein Kind malt nun einen gelben Mond neben den Baum und färbt den Rest der Fläche mit einem dunkelblauen Stift ein. Bitte achten Sie darauf, dass das erste Bild maximal die Hälfte des ersten DIN-A3-Bogens einnimmt (also DIN-A4-Größe hat).

5. In der Zwischenzeit können ein oder zwei Kinder die Raupe basteln. Dazu werden sechs Styropor- oder Pappmachékugeln benötigt. 5 Kugeln werden mit grüner Fingerfarbe und 1 Kugel mit roter Fingerfarbe angemalt. Nach dem Trocknen werden die Kugeln zu einer Raupe zusammengeklebt. Die rote Kugel bildet den Anfang und wird mit Hilfe des Filzstiftes mit Augen, Nase und Mund versehen. Für die Fühler wird der grüne Pfeifenputzer auf eine Länge von je 2 cm gekürzt. Diese oben am Kopf befestigen. Die Raupe wird zunächst zur Seite gelegt, denn sie wird erst zum Schluss benötigt. Wer eine weiche Raupe bevorzugt, kann anstelle der Styroporkugeln auch Filzwolle oder Wollpompons nutzen (Letzteres ist allerdings zeitintensiver).
6. Als Nächstes wird eine Sonne neben das Nachtbild auf die weiße Unterlage gemalt.
7. Nun werden die Lebensmittel, der Anzahl und den Farben des Buchinhalts entsprechend, benötigt. In jedes Foto werden zwei Löcher geschnitten, durch die die gebastelte Raupe hindurchgeschoben werden kann. Die einzelnen Lebensmittel werden nebeneinander oder versetzt übereinander an den Seitenrändern aufgeklebt, sodass sie gewölbt nach außen stehen und die Raupe gut durch die Bilder bewegt werden kann.
8. Rechts von den Lebensmitteln steht wiederum ein Baum, bestehend aus braunem Tonpapier und einem Blatt (s. erstes Bild, Punkt 3.).
9. Neben dem Baum wird der Kokon angebracht. Dafür reißen die Kinder das braune Transparentpapier in kleine Streifen und kleben sie nebeneinander auf ein separates Blatt Papier auf. Nach dem Trocknen wird der Kokon eiförmig zugeschnitten. Ein kleines Loch in eine Seite des Kokons schneiden.
10. Als Letztes bastelt ein Kind einen Schmetterling aus Tonpapier oder benutzt die Kopiervorlage „Schmetterling" (s. u.). Dieser wird nun an die rechte Seite der Spielcollage geklebt.
11. Ist alles auf dem Karton vorhanden, wird die Collage an eine Wand gelehnt oder auf den Boden gelegt. Wer die Möglichkeiten hat, kann die Collage auch an die Wand hängen, aber dann in Kinderhöhe, sodass die Kinder sich mit der Collage beschäftigen können. Die Kinder können nun die Geschichte nacherzählen, sich dabei an den Bildern orientieren und währenddessen die Raupe durch die einzelnen Bilder bewegen.

Da die Collage sehr groß ist, ist sie in der Gruppe stets präsent und hat einen hohen Aufforderungscharakter für die Kinder. Beziehen Sie die Collage mehrmals in Ihre Projektphase ein – denn nur so wird die Geschichte der kleinen Raupe Nimmersatt für die Kinder lebendig und erfahrbar.

Kopiervorlage „Schmetterling"

Der Zahlenweg (ab 3 Jahren)

Material:
10 weiße DIN-A3- oder DIN-A4-Bögen Papier, Buntstifte, Kopiervorlage „Zahlenkarten“ (s. S. 25), Scheren, Klebstoff, 1 Rolle durchsichtiges Klebeband, ggf. 10 DIN-A3- oder DIN-A4-Pappbögen

Vorbereitung:
Die Kopiervorlage wird hochkopiert.

Arbeitsanleitung:
Die Bilder auf der Kopiervorlage werden ausgemalt, ausgeschnitten und quer auf die weißen Blätter geklebt, sodass jede Zahl und das dazugehörige Bild auf einem großen Blatt sind.
Anschließend werden die Zahlenblätter im Gruppenraum mit durchsichtigem Klebeband untereinander auf den Boden geklebt.
Alternativ kann der Zahlenweg auf Pappe geklebt und nur bei Bedarf auf den Boden gelegt werden. Der Vorteil des festgeklebten Zahlenweges auf dem Boden ist, dass er präsent ist und die Kinder stetig zur Auseinandersetzung mit den Zahlen aufgefordert werden. Sie können darauf springen, sich niederlassen und die Mengen mit der entsprechenden Zahl vergleichen, aber auch die Zahlenabfolgen hinauf- und hinunterspazieren und somit den Zahlenstrahl verinnerlichen.

Hinweis: Auf die Kopiervorlagen kann auch verzichtet werden, wenn die Kinder den Zahlenweg selbst malen. Des Weiteren sollte die Erzieherin je einen Satz des Zahlenweges für die Portfolios der Kinder kopieren, sodass sie auch im Anschluss an das Projekt noch daran erinnert werden und die Möglichkeit haben, sich mit den Zahlen auseinanderzusetzen. Wer gleich noch die taktile Wahrnehmung miteinbinden möchte, lässt die Zahlen nicht ausmalen, sondern beklebt sie mit verschiedensten Materialien, deren Beschaffenheiten sehr unterschiedlich sind (z. B. flauschiger oder glatter Stoff, Teppich, Schmirgelpapier, Schwamm, Bürsten etc.). Diese Variante erhöht den Reizfaktor und die Auseinandersetzung mit den Zahlen enorm.

Kopiervorlage „Zahlenkarten“

1		2	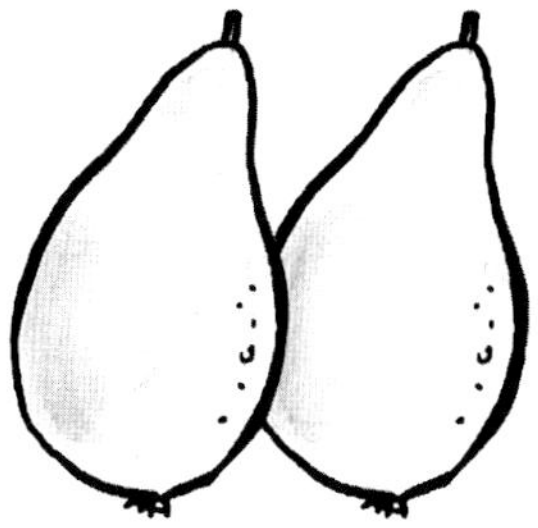
3		4	
5	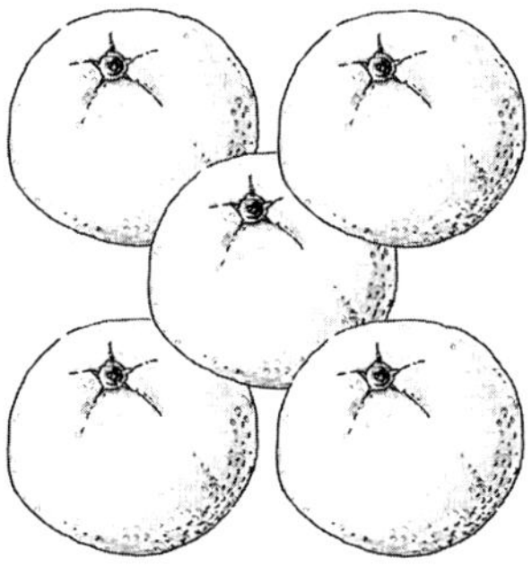	6	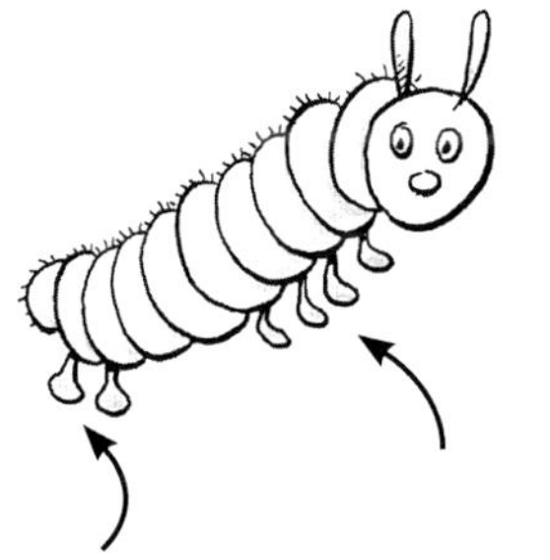
7	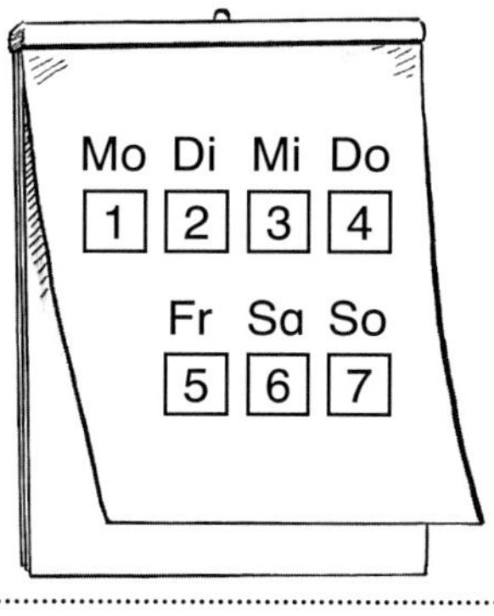 Mo Di Mi Do 1 2 3 4 Fr Sa So 5 6 7	8	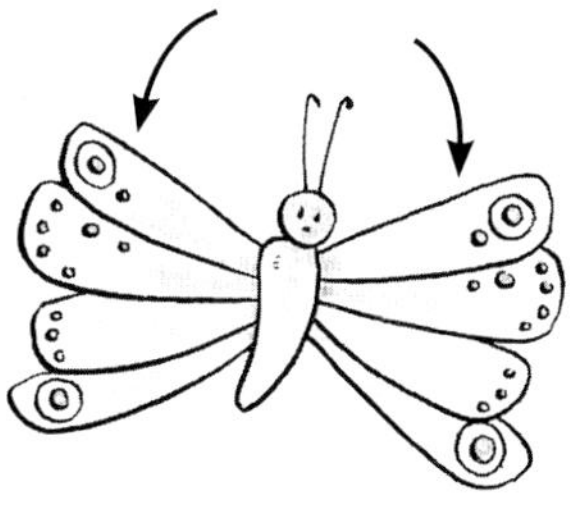
9	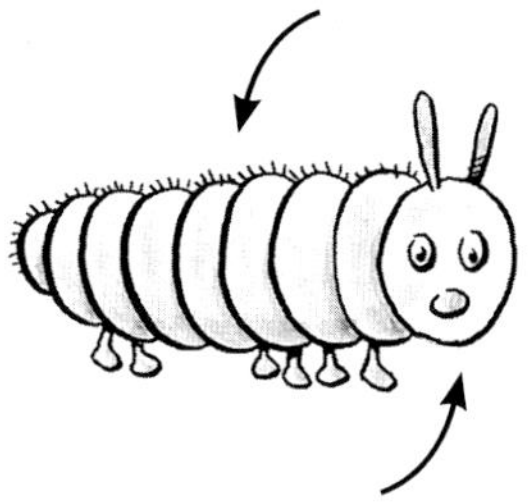	10	

Fühl-Leporello (ab 4 Jahren)

Material:
1 weißer DIN-A3-Tonkartonbogen, 1 Bleistift, 1 Lineal, 1 Schere, Klebstoff, 1 Tacker, Baumrinde (max. 10 cm breit und insgesamt 30 cm lang), 2 grüne Blätter, 1 weiße Perle, 2 Stöckchen, 1 Heißklebepistole, Kopiervorlage „Schablonen" (S. 27), jeweils 1 Bogen Tonpapier in Rot, Lila, Orange, außerdem 1 Bogen Tonpapier für den Schmetterling (Farbe beliebig), Tonpapierreste, 1 Bogen gelbbraunes, leicht angerautes Papier (z. B. Sandpapier oder Schmirgelpapier), gelbe Fingerfarbe, 1 dünner Pinsel, 1 Farbtöpfchen, 1 Malunterlage, 1 Prickelnadel, 1 Prickelmatte, braune Märchenwolle, Buntstifte, evtl. Kopiervorlage „Schmetterling" (S. 23)

Für die Alternative: 1 Bogen braunes Glanzpapier und 1 Bogen in einer beliebigen Farbe, 1 Schwamm oder Schaumstoffquader, Strukturtapete in Hellbraun (etwa 1 DIN-A4-Bogen), grüne Fingerfarbe, jeweils 1 Bogen Tonpapier in folgenden Farben: Grün, Gelb, Rot, Dunkelrot, Blau und Braun, 1 Locher, rotes Krepppapier, 1 Muffinpapierförmchen, 1 Bogen rotes Vliespapier

Vorbereitung:
Bei einem Waldspaziergang werden herabgefallene Baumrinden und grüne Blätter gesammelt. Alternativ können auch die Eltern gefragt werden, ob Brennholz zu Hause vorhanden ist, bei dem die Rinde vom Holz abgelöst werden kann. Die Längenangabe bezieht sich auf den Gesamtverbrauch der Rinde. Da hier zwei Mal Rinde benötigt wird, müssen zwei Mal 15 cm abgemessen werden. Die Rinde kann in Stücken zusammengesetzt werden.
Aus der Kopiervorlage (S. 27) werden Schablonen angefertigt.

Arbeitsanleitung:
Der Tonkarton wird der Länge nach geknickt und durchgeschnitten, sodass 2 lange Streifen entstehen. Jeder der beiden Streifen wird im Querformat zweimal gefaltet, sodass man pro Streifen 3 Seiten erhält. Dann werden die 2 Streifen an den beiden kurzen Enden zusammengetackert. Das Leporello entsteht.
Erste Leporelloseite: Hier ist das Bild zu sehen, auf dem die Raupe noch im Mondschein in ihrem Ei steckt. Die Baumrinde wird ganz links am Rand des Bildes mit dem Heißkleber befestigt. Ein Stock wird quer neben die Rinde auf die weiße Fläche geklebt. Das Blatt wird neben dem Stock befestigt. Auf das Blatt wird die weiße Perle geklebt.
Zweite Leporelloseite: Auf dieser Seite sind 1 Apfel, 2 Birnen und 3 Pflaumen zu sehen. Der Apfel wird auf das rote Tonpapier gemalt und ausgeschnitten. Die 2 Birnen werden auf das leicht angeraute Papier übertragen und ausgeschnitten. 3 Pflaumen auf lilafarbenes Tonpapier zeichnen und ebenfalls ausschneiden. Das Obst auf die Seite kleben.
Dritte Leporelloseite: Hier werden die 4 Erdbeeren und die 5 Orangen hinzugefügt. Für die Erdbeeren ebenfalls das rote Tonpapier nutzen und für die Orangen das orangefarbene Tonpapier. Für den Fühleffekt der Erdbeeren mit gelber Fingerfarbe und einem dünnen Pinsel die Nüsschen aufmalen.
Die Orange leicht mit einer Prickelnadel einpiksen. Anschließend die Früchte auf die dritte Seite kleben.
Vierte Leporelloseite: Hier sind die restlichen Lebensmittel abgebildet. Da hier nicht zu jedem Lebensmittel das passende taktile Material in Kindergärten verfügbar ist, können die Früchte einfach aufgemalt werden.

Alternative: Wer auf Seite 4 nicht auf die taktilen Materialien verzichten möchte, kann von den folgenden Beispielen Gebrauch machen:

Schokoladenkuchen:	braunes Glanzpapier für die Schokolade und Schaumstoff oder Scheiben aus dem Schwamm für den Teig
Eis:	hellbraune Strukturtapete für die Eiswaffel und Glanzpapier (Farbe beliebig) für die Eiskugeln

Gurke:	Strukturtapete mit grüner Fingerfarbe bemalen
Käse:	in gelbes Tonpapier kleine Löcher schneiden oder lochen
Wurst:	rotes Tonpapier kreisrund ausschneiden, Papierfetzen aus dunkelrotem Papier schneiden und auf den Kreis kleben
Lolli:	blaues und gelbes Tonpapier kreisrund ausschneiden; das gelbe Papier parallel so schneckenförmig einschneiden, dass zwei Luftschlangen entstehen; eine der Luftschlangen wird nun auf das Papier geklebt, sodass es wie im Buch aussieht
Früchtebrot:	den Kuchenrand aus braunen Tonpapierstreifen zuschneiden; aus roten Krepppapierfetzen Kugeln drehen, die dann in den Tonpapierrand hineingeklebt werden
Törtchen:	Muffinpapierförmchen aufkleben und die „Haube" aus Strukturpapier formen
Melone:	rotes Vliespapier für das Fruchtfleisch zuschneiden; grünes Tonpapier für die Schale nutzen

Fünfte Leporelloseite: Diese Seite ziert der Kokon. Da der Kokon aus einem flüssigen Sekret der Raupe gesponnen wird, wird die Märchenwolle oval geformt und aufgeklebt. Alternativ kann der Kokon auch wie in dem Angebot „Bespielbare Collage" (S. 22) gebastelt werden.

Sechste Leporelloseite: Auf der sechsten Seite sehen wir den Schmetterling. Den Schmetterling auf das Tonpapier, dessen Farbe individuell auswählbar ist, zeichnen und ausschneiden. Anschließend mit Tonpapierresten oder farbigen Stiften verzieren. Hier kann auch die Kopiervorlage „Schmetterling" von S. 23 genutzt werden.

Kopiervorlage „Schablonen"

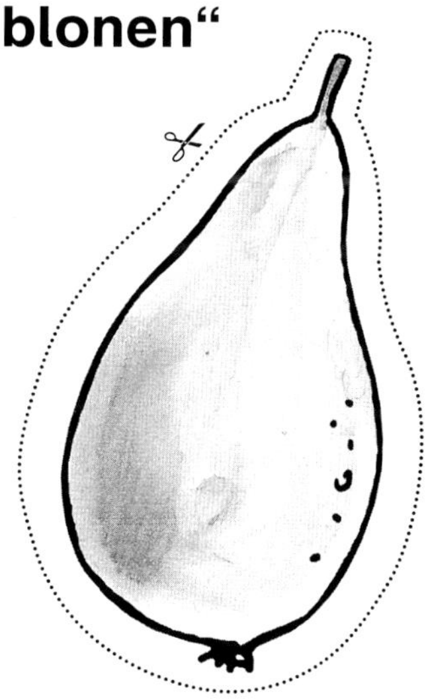

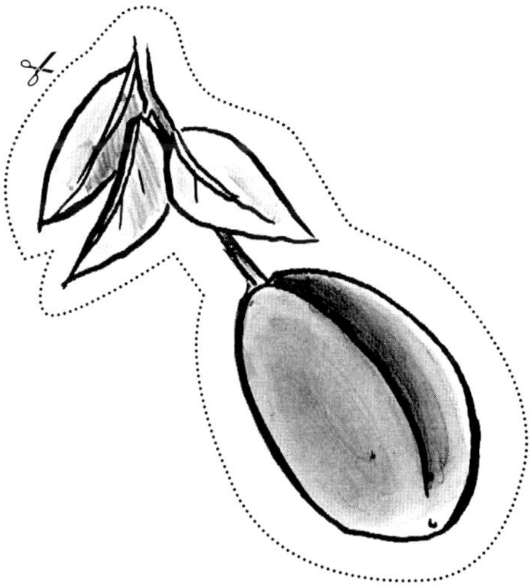

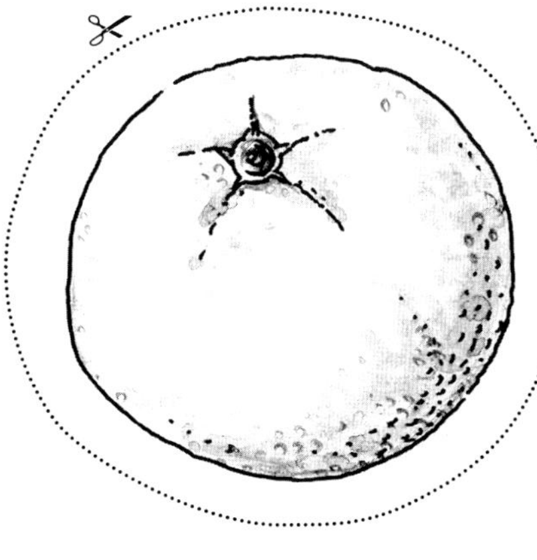

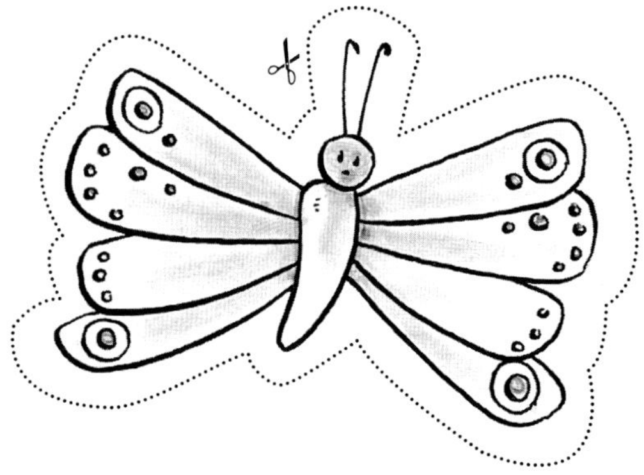

Kokons basteln (ab 4 Jahren)

Material:
mindestens 4 Rollen Toilettenpapier, Schalen, Kleister, Pinsel, 1 Eimer, Wasser, 1 Rührstab, 1 Nadel
pro Kind: 1 Luftballon, 1 Becher, 4 Perlen, etwa 10 cm Wollfaden, Malkittel, Malunterlagen

Vorbereitung:
Rühren Sie den Kleister nach Packungsanleitung an.

Arbeitsanleitung:
1. Das Toilettenpapier wird in Stücke gerissen und in Schalen bereitgestellt. Es sollte für jedes Kind ausreichend Papier vorhanden sein.
2. Für jedes Kind wird ein Luftballon etwa auf die halbe Größe aufgepustet. Der Ballon wird flächenweise eingekleistert und sofort mit Papierstücken beklebt, damit der Kleister nicht austrocknet. Mit dem Kleister und dem Papier wird der Ballon in mehreren Lagen eingestrichen. Je mehr Lagen Papier geklebt werden, desto stabiler wird der Ballon hinterher.
3. Nun den Kleister einige Stunden trocknen lassen. Dazu wird der Ballon auf einen Becher gesetzt. So kann er von allen Seiten trocknen. Wenn der Kleister vollständig getrocknet ist, wird der Ballon aus der Form gelöst. Sollte es hierbei Probleme geben, piksen Sie vorsichtig mit einer Nadel in den Ballon hinein, damit er sich verkleinert oder platzt.
4. Anschließend wird die Raupe gebastelt. Dazu werden pro Raupe 4 Perlen auf den Wollfaden gefädelt und beide Enden verknotet. Die Raupe in den Kokon setzen (in die Öffnung, aus der der Ballon zuvor noch herausgeschaut hat). Die Kokons im Gruppenraum aufhängen.

Malen mit Fingerfarbe (ab 2 Jahren)

Material:
Bilderbuch, pro Kind 1 weißes DIN-A4-Blatt, Fingerfarbe in Grün, Schwarz, Braun, Rot, Lila, Gelb, Orange, Pinsel, Maltöpfchen, Malkittel, Malunterlagen, Wasserbecher (alternativ: Buntstifte)

Arbeitsanleitung:
1. Den Arbeitsplatz mit Malunterlagen auslegen. Nachdem sich jedes Kind einen Malkittel angezogen hat, überlegt das Kind, wie eine Raupe genau aussieht: grüne Segmente, kleine Härchen, Augen, Mund, kleine Beinchen und 2 Fühler. Anhand des Bildes auf dem Buchcover können die Raupenmerkmale sehr gut erläutert werden.
2. Anschließend malt das Kind die Raupe auf einem grünen Blatt, da sich Raupen in der Natur überwiegend von Blättern ernähren. Außerdem können weitere Details aus dem Buch, wie zum Beispiel die Früchte, die Sonne oder Bäume, hinzugefügt werden. Es ist auch möglich, verschiedene Bilder aus dem Buch nachzumalen. Hierzu kann das Kind entweder mit dem Pinsel oder mit dem Zeigefinger malen.

Hinweis:
Auch wenn die Jüngsten noch nicht in der Lage sind, detailliert zu malen, so können sie durchaus ihrer Entwicklung entsprechend etwas mit den Fingern und der Farbe auf dem Papier schaffen. Alternativ können natürlich auch Buntstifte genutzt werden.

Fressende Tennisballraupe (ab 3 Jahren)

Material:
5 Tennisbälle, 1 Filzstift, 1 Cuttermesser, 1 Heißklebepistole, Kopiervorlage „Zahlenkarten“ (S. 25), Pappe, 1 Schere, Kleber, Buntstifte, ggf. Laminiergerät und -folien

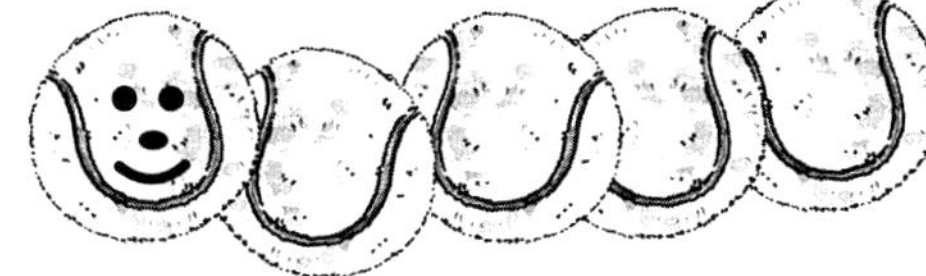

Vorbereitung:
Die Lebensmittel der Vorlage vervielfältigen (nicht hochkopieren).

Arbeitsanleitung:
1. Die Lebensmittel auf den kopierten Blättern ausmalen, ausschneiden und auf die Pappe kleben.
2. Anschließend jedes Lebensmittel kreisförmig ausschneiden, sodass viele kleine Lebensmittelchips entstehen. Die Chips können zur besseren Haltbarkeit laminiert werden.
3. Die Erzieherin schneidet einen Tennisball auf einer Seite mit dem Cuttermesser ein. Dies ist der Mund der Raupe.
4. Die Kinder malen dann Augen und Nase über dem Mund auf den Tennisball.
5. Die übrigen Bälle nacheinander mit der Heißklebepistole an den Kopf kleben, sodass eine Raupe entsteht. Sobald der Kleber trocken ist, ist die fressende Tennisballraupe fertig. Nun kann sie mit den Chips gefüttert werden. Dazu wird links und rechts vom Mund auf den Ball gedrückt, sodass sich dieser öffnet. Auf diese Weise kann die Raupe die Chips auch wieder „ausspucken“.

Die Tennisballraupe ist gut für das Freispiel geeignet. Hierbei schulen die Kinder spielerisch ihre Feinmotorik und die Auge-Hand-Koordination.

Raupe auf dem Blatt (ab 2 Jahren)

Material:
2 Bögen grünes und 1 Bogen rotes Tonkartonpapier, Scheren, Klebstoff, Wolle, Kopiervorlage „Raupe auf dem Blatt“ (S. 30), Pappe, Bleistifte, Buntstifte, Prickelnadeln und Prickelmatten, 1 Locher, evtl. Heißklebepistole

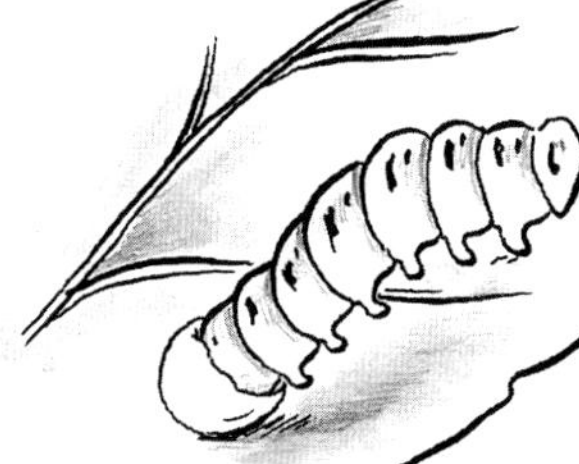

Vorbereitung:
Aus den kopierten Vorlagen und der Pappe Schablonen anfertigen.

Arbeitsanleitung:
1. Die Kinder übertragen die Schablone auf den grünen Tonkarton und schneiden sie aus. Wer noch nicht schneiden kann, darf auch gerne prickeln.
2. Mit Hilfe des Lochers links und rechts im Blatt jeweils einen Kreis ausstanzen.
3. Anschließend 1 roten und 5 grüne Punkte mit Hilfe der Schablone aufmalen und ausschneiden. Die Punkte werden zu einer Raupe aneinandergeklebt.
4. Die Wolle links und rechts durch die ausgestanzten Löcher des Blattes ziehen. Die Enden verknoten.
5. Die Raupe so auf den Wollfaden kleben (evtl. mit Heißkleber), dass sie oben auf dem Blatt hin- und hergeschoben werden kann.
6. Zum Schluss wird der Raupe noch ein Gesicht aufgemalt.

Kopiervorlage „Raupe auf dem Blatt“

Vorlage „Blatt“ bitte hochkopieren.

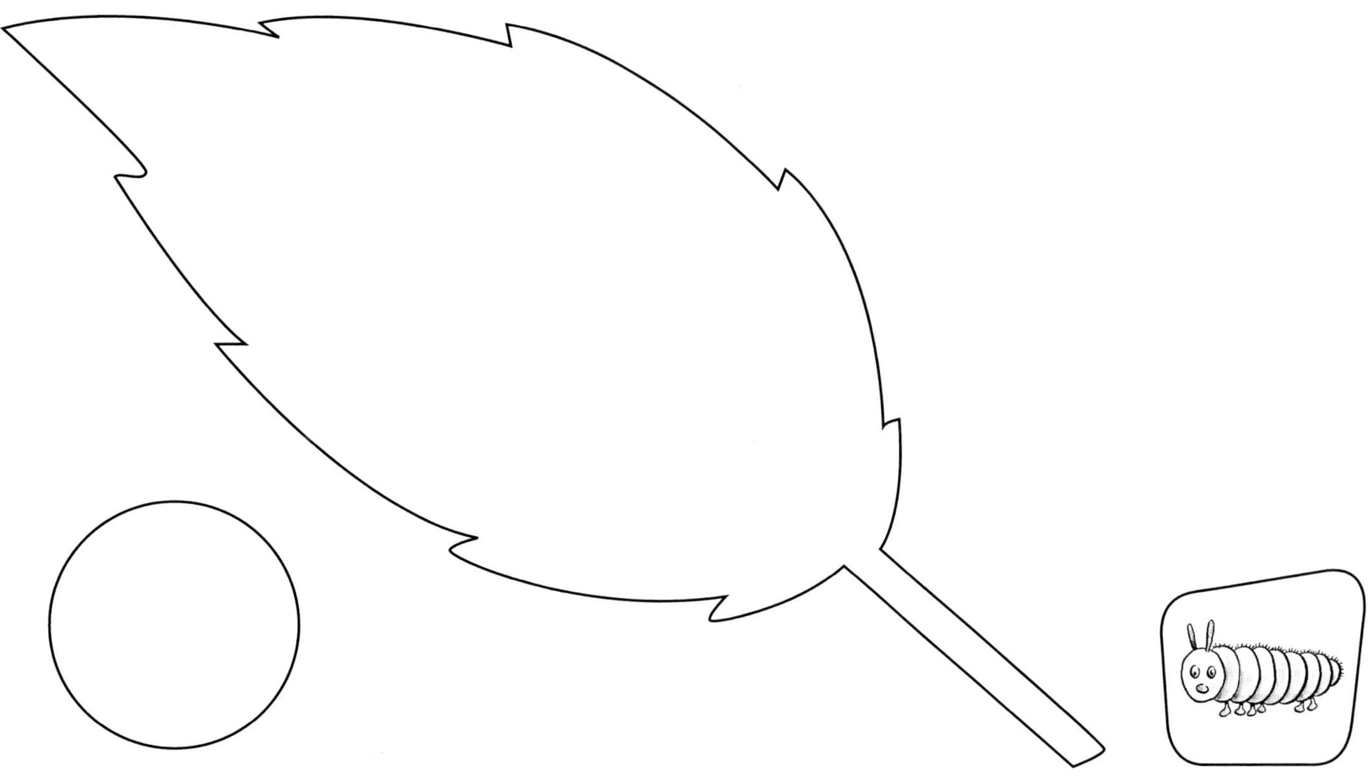

Kopiervorlage „Schmetterling“ und „Drachenflieger“

(zu Angebot „Wie fliegt ein Schmetterling?“, S. 37)

So sieht alles in der Wirklichkeit aus (ab 2 Jahren)

Material:
1 Digitalkamera, 2 Bögen Tonkarton, Kleber, Stifte, 1 Erste-Hilfe-Set, evtl. wetterfeste Kleidung für jedes Kind, einige Lupen
je ein Foto (oder Bild) von: 1 Apfel, 2 Birnen, 3 Pflaumen, 4 Erdbeeren, 5 Orangen, 1 Stück Kuchen, 1 Eis, 1 saure Gurke, Käse, Wurst, 1 Lolli, Früchtebrot, 1 Würstchen, 1 Muffin, 1 Melone, 1 Blatt, 1 Baum, 1 Raupe, 1 Kokon, 1 Schmetterling

Vorbereitung:
Die Fotos von den Lebensmitteln können beim Nimmersattfrühstück (S. 38) gemacht werden. Für die anderen Motive eignet sich ein Spaziergang durch die Natur. Suchen Sie am besten schon vorab einen Weg oder ein Waldstück, auf / an dem sich Raupen befinden (ggf. beim Forstamt oder bei der Stadtverwaltung nachfragen; erkundigen Sie sich auch, ob Sie mit Ihrer Kindergartengruppe den Weg / das Stück nutzen dürfen). Bitte beachten Sie den Punkt „Hinweise zu Ausflügen mit den Kindern" in den Vorbemerkungen (S. 5).

Arbeitsanleitung:
1. Zunächst kommen die Kinder in einem Gesprächskreis zusammen. Erarbeiten Sie gemeinsam, welche Dinge aus dem Buch in der Natur zu finden sind und welche nicht.
2. Anschließend begeben sich alle auf den Spaziergang und versuchen, die Dinge in der Natur wiederzufinden. Von allen gefundenen Dingen sollte ein Foto gemacht, ausführlich gezeigt und besprochen werden. Auf dem Spaziergang können die Kinder sich die Materialien mit den Lupen ansehen und Details entdecken.
   Achtung! Bitte lassen Sie die Kinder keine Raupe anfassen bzw. mitnehmen oder gar einen Schmetterling einfangen. **Weisen Sie auf den Respekt vor dem Leben des Tieres hin.** Die Gefahr, dass das Tier beim Anfassen stirbt, ist sehr groß.
3. Nun werden die Fotos am Computer oder mit Hilfe eines Sofortdruckers ausgedruckt. Die Kinder kleben sie anschließend auf die Tonkartonbögen. Am besten werden die Fotos in die gleiche Reihenfolge wie im Buch gebracht. Dieser Schritt sollte im Gesprächskreis stattfinden, damit die Begriffe und Bezeichnungen der fotografierten Dinge noch einmal gemeinsam wiederholt werden.
   Außerdem können Vergleiche angestellt werden:
   - Sehen die Lebensmittel und Naturprodukte in Wirklichkeit auch so aus wie auf den Bildern im Buch?
   - Sind die Dinge gleich groß?
   - Welche Unterschiede sind zu sehen?

   Hier bietet es sich an, noch einmal auf die Metamorphose von der Raupe zum Schmetterling (S. 32 / 33) einzugehen.
4. Anschließend wird die Collage in der Gruppe aufgehängt.
   Hinweis: Je nachdem, wie viel Motivation die Kinder haben, sollte dieses Angebot an zwei Tagen stattfinden. (An einem Tag wird der Spaziergang gemacht und am nächsten Tag folgt die Besprechung und das Aufkleben der Fotos.)

Von der Raupe zum Schmetterling (ab 4 Jahren)

Material:
Arbeitsblatt „Von der Raupe zum Schmetterling“ (S. 33), 1 Wattebausch, 10 cm Wollfaden, 5 hellgrüne Perlen oder ein Bild einer Raupe, 1 Plastikei oder 1 Tischtennisball, 3–6 Blätter, ein paar Blüten, 3 Früchte (z. B. Apfel, Birne, Pflaume), 1 Schmetterling (etwa 5–10 cm groß; selbst gebastelt s. S. 23 oder Dekoration), Buntstifte, Schere, Kleber, weißes DIN-A4-Papier

Vorbereitung:
Das Arbeitsblatt wird pro Kind einmal kopiert und mit den Buntstiften, dem Kleber und der Schere auf die Seite gelegt. Die übrigen Materialien liegen auf dem Boden oder auf einem Tisch. Die Perlen werden auf den Wollfaden gezogen und beide Enden miteinander verknotet. Alternativ kann auch ein Bild einer Raupe ausgeschnitten und genutzt werden. Das Plastikei / der Tischtennisball wird aufgeschnitten und die Perlenraupe oder Bildraupe hineingesteckt.

Arbeitsanleitung:

1. Wiederholen Sie gemeinsam mit den Kindern noch einmal die Geschichte der kleinen Raupe Nimmersatt und dabei die Entwicklung des Schmetterlings. Hierbei können die Kinder die Materialien nutzen und den Prozess nachspielen: Es beginnt mit dem Ei. Aus dem Ei schlüpft die Raupe. *Das erklärende Kind zieht die Raupe aus dem Plastikei.* Dann frisst die Raupe sehr sehr viel, um Nährstoffe zu sammeln. *Das Kind bewegt die Raupe zu den Früchten, Blüten und Blättern.* Wenn die Raupe größer und dicker geworden ist, spinnt sie sich mit einem Faden ein, den sie selbst produziert. *Das Kind wickelt den Wattebausch um die Raupe und legt sie hin.* Dann vergehen einige Wochen und die Raupe verwandelt sich im Kokon. *Das Kind holt die Raupe aus dem Wattebausch heraus und wickelt den Schmetterling ein.* Irgendwann, wenn die Verwandlung abgeschlossen ist, schlüpft der Schmetterling aus dem Kokon und kann fliegen. *Das Kind nimmt den Schmetterling wieder aus dem Wattebausch und lässt ihn fliegen.*
   Hinweis: Wichtig ist, dass das Kind bei der Erklärung der Entwicklungsstadien die Materialien in der richtigen Reihenfolge vor sich ablegt, damit die natürlichen Abläufe klar werden.
2. Anschließend können die Kinder das Arbeitsblatt ausmalen und ausschneiden. Sie bringen die Bilder in die richtige Reihenfolge und kleben sie wieder auf.

Wer das Angebot „So sieht alles in der Wirklichkeit aus“ (S. 31) zuvor durchgeführt hat, kann auch die dabei entstandenen Fotos verwenden und die Metamorphose anhand der Bilder erklären lassen. Da jüngere Kinder die Metamorphose in der Regel noch nicht wiedergeben können, sollten Sie ihnen diesen Vorgang erklären und gleichzeitig anhand der Materialien zeigen. Es bietet sich auch an, dass ein Vorschulkind die Erklärung übernimmt. So kann überprüft werden, ob das Vorschulkind die Metamorphose verstanden hat. Außerdem sind die Kleinen oft aufmerksamer, wenn ein Kind erklärt und in kindlicher Erzählsprache sein Wissen wiedergibt.
Die Materialien sollten nach dem Angebot auf dem Erzähltisch bereitliegen, damit sich die Kinder auch im Freispiel damit auseinandersetzen können. Außerdem können die Materialien im weiteren Verlauf des Projektes immer wieder genutzt werden: Bringen Sie zum Beispiel absichtlich die Reihenfolge durcheinander, sodass die Kinder die richtige Anordnung wiederherstellen müssen.
Falls die Kinder nachfragen, warum der Kokon hier weiß ist, obwohl er im Buch braun ist, können Sie erklären, dass die Kokons zunächst weißlich gefärbt sind, aber im Laufe der Zeit immer dunkler werden.

Arbeitsblatt „Von der Raupe zum Schmetterling“ (ab 4 Jahren)

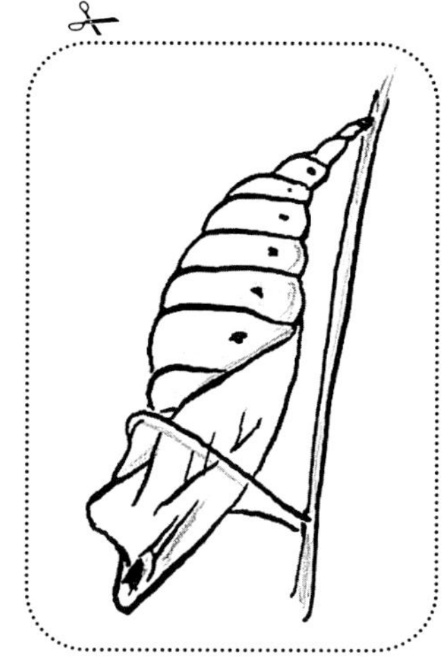

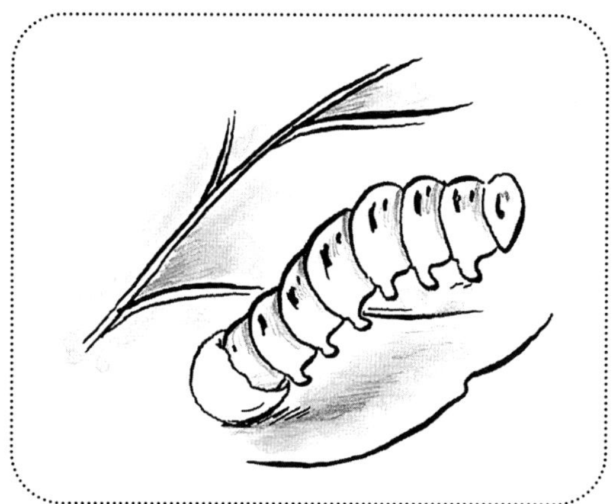

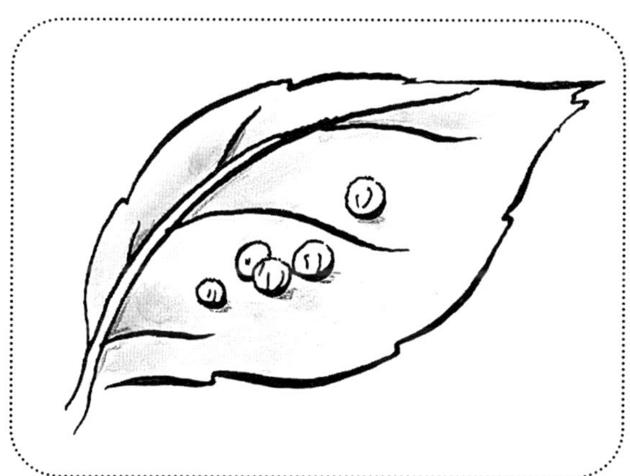

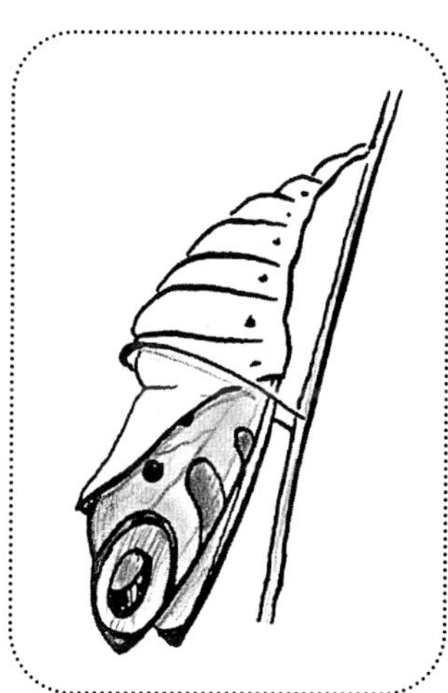

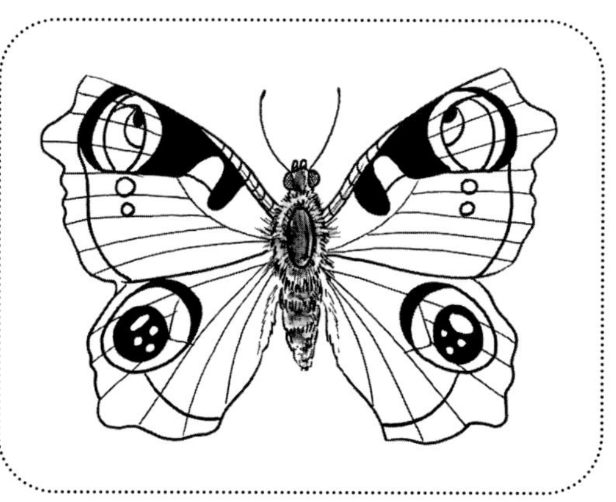

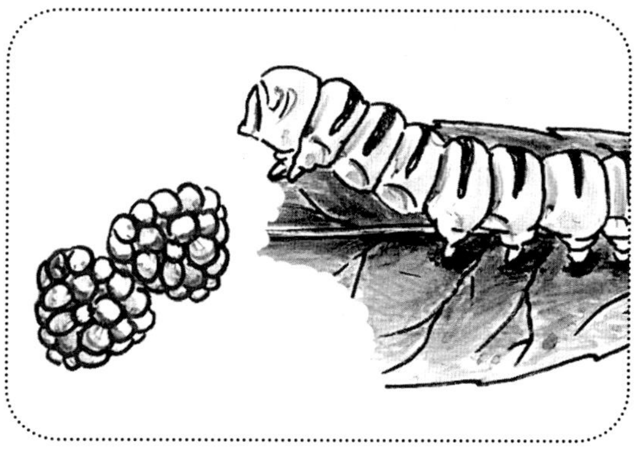

Die Raupe (ab 5 Jahren)

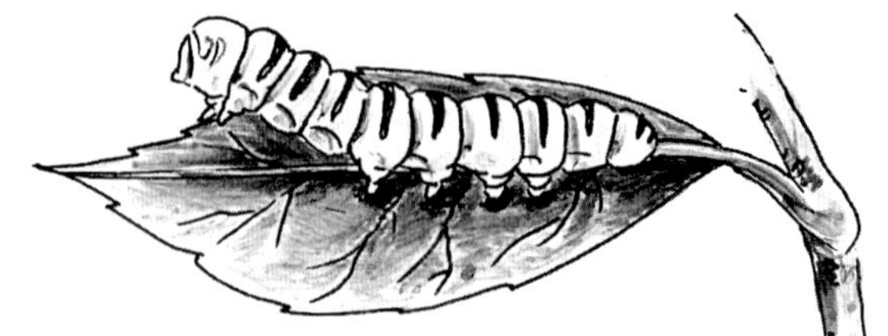

Material:
Bilder (z. B. Fotos aus dem Lexikon, Internet o. Ä.) in Nahaufnahme von verschiedenen Raupenarten, 1 Kriechtunnel oder 2 Decken und 2–4 Gürtel, Baumblätter, Blüten, 1 Bogen Tonkarton und 1 Bogen Papier, Schere, Klebstoff, Stifte

Arbeitsanleitung:

1. Die Kinder sehen sich die Bilder der Raupenarten gemeinsam an. Unterschiede und Gemeinsamkeiten werden herausgearbeitet, die Bezeichnungen sowie die Merkmale der Raupen besprochen. Halten Sie alle Beobachtungen der Kinder schriftlich fest.
2. Anschließend werden die Bilder auf den Tonkarton geklebt, die Artenbezeichnungen daruntergeschrieben und die Blätter und Blüten in die Mitte geklebt. Wenn die Nahaufnahmen so gut sind, dass die Mundwerkzeuge und die Fühler der Raupen erkennbar sind, sollten diese eingekreist werden.
   Gemeinsamkeiten aller Raupenarten sind zum Beispiel: die Körperform, die Fortbewegung und – nicht sichtbar – die Metamorphose zum Schmetterling. Unterschiede gibt es bei den Farben und der Länge. Hier werden die Kinder feststellen, dass nicht alle Raupen grün sind.
3. Besprechen Sie anschließend alle Merkmale einer Raupe mit den Kindern:
   Die Raupe besitzt Mundwerkzeuge, mit denen sie frisst; Augen und Fühler, mit denen sie sehen und sich orientieren kann; einen wurstförmigen Körper, mit dem sie nur kriechen und sich emporheben kann; saugnapfähnliche Beinchen, damit sie beim Kriechen nicht herunterfällt; viele kleine Haare auf der Hautoberfläche. Eine Raupe besteht aus ringförmigen Segmenten und sie frisst vorwiegend Blätter, Blüten und Früchte.
4. Jetzt sollten die Kinder erleben, wie es sich anfühlt, als dicke Raupe durch die Welt zu kriechen. Dazu schlüpft ein Kind in den Kriechtunnel, sodass dieser den gesamten Körper umhüllt. Nun versucht das Kind, durch den Raum zu kriechen. Wer bereits eine gute Körperkoordination besitzt, kann auch versuchen, über Schrägen (z. B. schräge Podeste) zu robben.
   Wenn Sie keinen Kriechtunnel besitzen oder sich dieser nicht gut zusammenfalten lässt, wickeln Sie das Kind in zwei Decken ein und fixieren Sie diese mit Gürteln am Körper. **Vorsicht!** Lassen Sie die Arme frei bzw. fragen Sie das Kind, ob die Arme mitfixiert werden sollen oder nicht. **Schnüren Sie die Gürtel auf keinen Fall zu eng!**

Hinweis:
Wenn Sie zufällig eine echte Raupe finden, können Sie sie **vorsichtig** in einem mit Blättern gefüllten und luftdurchlässigen Glas mitbringen. Die Kinder haben dann die Möglichkeit, die Raupe zu beobachten und die Merkmalsbestimmung an der echten Raupe durchzuführen. So können auch Dinge wie das Kriechtempo oder das Fressen realistisch entdeckt werden. Anschließend **muss** die Raupe in ihrem natürlichen Lebensraum wieder freigelassen werden, da sie sonst sterben würde.

Der Schmetterling (ab 5 Jahren)

Material:
Bilder (z. B. Fotos aus dem Lexikon, Internet o. Ä.) von folgenden Schmetterlingsarten: Zitronenfalter, Tagpfauenauge, Admiral, Großer Kohlweißling
1 Karaffe Saftschorle, Blüten, 1 Bogen Tonkarton und 1 Bogen Papier, Schere, Kleber, Stifte, pro Kind 1 Strohhalm und 1 Trinkbecher

Arbeitsanleitung:

1. Die Kinder sehen sich die Bilder der Schmetterlinge gemeinsam an. Unterschiede und Gemeinsamkeiten werden herausgearbeitet, die Bezeichnungen sowie die Merkmale der Schmetterlinge besprochen. Die Kinder sollen erfahren, dass auch unter Schmetterlingen verschiedene Arten existieren und der Zitronenfalter, das Tagpfauenauge, der Admiral sowie der Große Kohlweißling zu Deutschlands bekanntesten Arten gehören. Halten Sie alle Beobachtungen der Kinder schriftlich fest.
2. Anschließend werden die Bilder auf den Tonkarton geklebt, die Artenbezeichnung daruntergeschrieben und die Blüten in die Mitte geklebt. Wenn die Nahaufnahmen so gut sind, dass der Saugrüssel sichtbar ist, sollte dieser eingekreist werden.
   Gemeinsamkeiten der Arten sind zum Beispiel die Körperform, die Fortbewegung (fliegen) und die Metamorphose der Raupe zum Schmetterling (auf den Bildern nicht sichtbar). Unterschiede gibt es bei den Farben und der Größe.
3. Besprechen Sie anschließend alle Merkmale der Schmetterlinge mit den Kindern:
   Der Schmetterling besitzt einen Saugrüssel, mit dessen Hilfe er sich ernährt. Er ernährt sich fast nur von Blütennektar. Er hat Augen, mit denen er sehen und sich orientieren kann; Fühler, mit denen er riechen kann; Flügel, die sehr zerbrechlich sind. Man darf Schmetterlinge auf keinen Fall anfassen, da die Flügel entweder brechen oder sich die Schuppen vom Flügel lösen, die der Schmetterling zum Fliegen benötigt. Es hat tödliche Konsequenzen für den Schmetterling, wenn sich die Schuppen lösen, denn dann kann er nur noch bedingt oder gar nicht mehr fliegen. Dies wiederum führt dazu, dass sich der Schmetterling keine Nahrung mehr suchen kann und deshalb verenden wird.
   Bitte gehen Sie unbedingt auf den letzten Aspekt ein, denn Schmetterlinge werden von Kindern gern eingefangen!
4. Anschließend können die Kinder die Nahrungsaufnahme eines Schmetterlings imitieren: Dazu erhält jedes Kind 1 Strohhalm und 1 Trinkbecher, der mit Saftschorle gefüllt ist, und saugt den Becher aus.

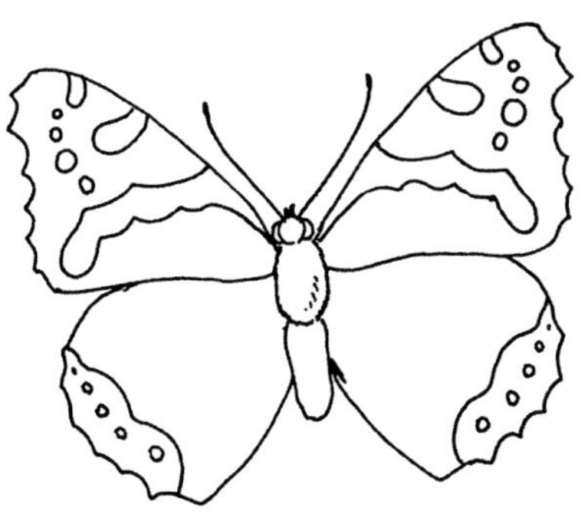

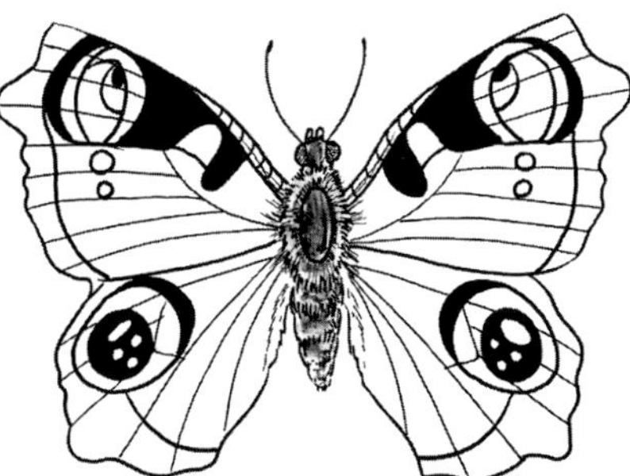

Vorsicht bei Raupen und Schmetterlingen (ab 4 Jahren)

Material:
Fotos von echten Schmetterlingen und Raupen aus Büchern oder Zeitschriften (Nahaufnahmen, die die Schuppen der Schmetterlinge zeigen, würden sich sehr gut eignen), pro Kind 1 Bogen Papier und 1 Perlenraupe

Vorbereitung:
Die Angebote „Die Raupe" (S. 34) und „Der Schmetterling" (S. 35) sollten zuvor durchgeführt worden sein.

Arbeitsanleitung:
In diesem Gesprächskreis geht es darum, dass die Kinder verstehen lernen, weshalb man mit Tieren, insbesondere mit kleineren Tieren, vorsichtig umgehen soll.
Bitten Sie die Kinder in den Sitzkreis und besprechen bzw. wiederholen Sie gemeinsam, was an Sachwissen zu Raupen und Schmetterlingen bereits vorhanden ist. Währenddessen schauen sich die Kinder die Fotos an. Folgende Punkte sollten auf alle Fälle besprochen werden:

- Schmetterlinge dürfen unter keinen Umständen angefasst werden, da sich sonst die Schuppen auf den Flügeln lösen, die für den Auftrieb beim Fliegen unerlässlich sind.
- Die Flügel von Schmetterlingen sind äußerst zerbrechlich. Sind sie einmal gebrochen, kann der Schmetterling nicht mehr fliegen, sich nicht mehr ernähren und wird sterben.
- Raupen sollten nach Möglichkeit auch nicht angefasst werden, da sie leicht verletzt oder sogar zerquetscht werden können. Dies gilt im Übrigen für alle Kleinstlebewesen.
- Lassen Sie die Kinder überlegen, wie es ist, wenn sie selbst verletzt werden, wenn ihnen zum Beispiel Haare ausgerissen werden – es würde weh tun.
- Erklären Sie den Kindern, dass das Leben eines kleinen Lebewesens schnell und unwiderruflich beendet werden kann und es dann keine Chance auf ein neues Leben gibt.

Wenn die Kinder einmal ein Kleinstlebewesen finden und sich dieses näher ansehen wollen, können sie **vorsichtig** ein Blatt Papier unter das Tier schieben und es damit aufheben. Eine kleine praktische Einheit kann die Kinder darin schulen: Jedes Kind erhält einen Bogen Papier sowie eine Perlenraupe. Nun versuchen die Kinder, das Papier so unter die Raupe zu schieben, dass es die Raupe aufhebt, ohne dass die Kinder die Raupe berühren.

Hinweis: Im Anschluss eignet sich das experimentelle Angebot „Wie fliegt ein Schmetterling?" (S. 37).

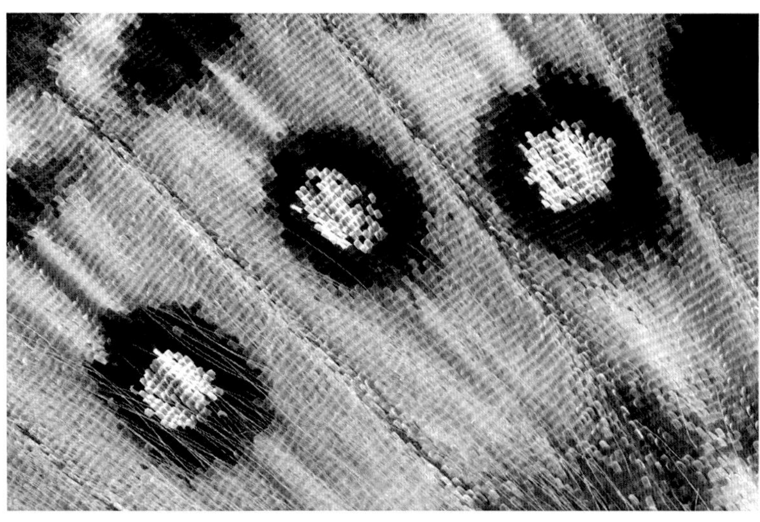

Wie fliegt ein Schmetterling? (ab 5 Jahren)

Material:
etwa 10 längliche Luftballons, 2 Stoffbänder (50 cm Länge und etwa 2 cm Breite), 1 Rolle doppelseitiges Klebeband, 1 Schere, Kopiervorlage „Schmetterling“ und „Drachenflieger“ (S. 30)

Vorbereitung:
Aus den Materialien wird ein Handschuh gebastelt: Die Luftballons nicht ganz voll aufblasen und zuknoten. Mit dem doppelseitigen Klebeband 5 Ballons aneinanderkleben. Das Stoffband in die Mitte auf die Oberseite des dritten Ballons kleben, sodass die Seiten gleich lang herunterfallen und jeweils quer über den anderen beiden Ballons liegen. Das Stoffband mit dem Klebeband an der Oberseite der Ballons fixieren. Nun hängen die Enden des Stoffbandes herunter, sodass der Luftballonhandschuh gut um den Arm eines Kindes gebunden werden kann.
Die anderen fünf Ballons ebenso zu einem Handschuh zusammenkleben.
Hinweis: Das Angebot „Vorsicht bei Raupen und Schmetterlingen“ (S. 36) sollte zuvor durchgeführt worden sein.

Arbeitsanleitung:
1. Die Kinder wiederholen, dass Schmetterlinge nicht berührt werden sollten, damit sich die Schuppen auf den Flügeln nicht ablösen. Die Schuppen sind wichtig für den Schmetterlingsflug und somit auch für das Überleben des Tieres. Aber was haben die Schuppen auf den Flügeln für eine Funktion? Die Kinder lernen bei diesem Angebot, warum es so wichtig ist, vorsichtig mit Schmetterlingen umzugehen.
2. Erklären Sie den Kindern, dass sich in den einzelnen Schuppen der Schmetterlinge Hohlräume befinden, die mit Luft gefüllt sind. Dabei zeigen Sie ihnen einen Luftballon. Die Kinder stellen sich vor, dass der Luftballon eine Schuppe ist.
3. Binden Sie einem Kind die Luftballonhandschuhe über die Arme und bitten Sie es, mit den Armen zu wedeln. Dem Kind wird auffallen, dass ein Luftwiderstand spürbar ist. Wedelt das Kind nun die Arme vor den Gesichtern der anderen Kinder, wird diesen auffallen, dass ein leichter Windzug entsteht. Das ist der Moment, in dem der Schmetterling abhebt und sich in der Luft halten kann, wenn er dauerhaft mit den Flügeln schlägt. Die luftgefüllten Schuppen unterstützen den Auftrieb, wodurch der Schmetterling weniger Kraft in den Flügeln aufwenden muss. Zeigen Sie es den Kindern, indem sie einen Handschuh wieder vom Arm des Kindes entfernen: Nun wedelt das Kind einmal mit dem Handschuh vor den anderen Kindern – der Luftdruck ist spürbar. Dann wedelt das Kind mit dem anderen Arm (ohne Handschuh) – der Luftdruck ist kaum spürbar bzw. das Kind muss sehr stark wedeln, um einen Luftzug erzeugen zu können.
   Dieses Experiment sollte jedes Kind erleben, damit es alle Kinder verstehen.

   Die Kinder werden fragen, warum sie nicht fliegen können wie der Schmetterling, obwohl sie mit dem Handschuh wedeln. Dazu sehen sie sich das Bild des Schmetterlings an: Der Körper des Schmetterlings ist sehr viel kleiner als seine Flügel und somit auch wesentlich leichter. Dadurch haben die Flügel mehr Kraft, den kleinen Körper zu heben. Ein Kinderkörper ist viel zu schwer, um ihn mit den Luftballons in die Luft steigen lassen zu können. Zum Fliegen müssten die Luftballonhandschuhe riesengroß sein. Erzählen Sie von den sogenannten Drachenfliegern und zeigen Sie das Bild dazu. Die Flügel der Drachen sind so groß, dass sie den Menschenkörper halten können.

Früchtebrot (ab 2 Jahren)

Zutaten:
250 g getrocknetes Obst, 3 Eier, 200 g Zucker, 1 Teelöffel Zimt, 1 Teelöffel Kakaopulver, 200 g Mehl, ½ Päckchen Backpulver, 2 Esslöffel Milch, Fett für die Form

Arbeitsmittel:
1 Brettchen, 1 Messer, 1 Teelöffel, 1 Esslöffel, 2 Schüsseln, 1 Handrührgerät und Rührstäbe, 1 Kastenform, 1 Küchenwaage, 1 Backpinsel, Backofen mit Rost

Vorbereitung:
Den Backofen auf 180 – 200 °C vorheizen und die Kastenform einfetten.

Zubereitung:
1. Das getrocknete Obst in kleine Stücke schneiden.
2. Eier und Zucker schaumig rühren.
3. Mehl, Backpulver, Zimt und Kakaopulver miteinander vermengen. Zusammen mit der Milch unter die Zucker-Eier-Masse rühren.
4. Zum Schluss das kleingeschnittene Obst hinzufügen und mit dem Teig vermischen.
5. Den Teig in die Kastenform geben und bei 180 °C ca. 1 Stunde backen.
6. Anschließend das Brot auskühlen lassen und aus der Form holen.
   Hinweis: Das Früchtebrot kann beim Nimmersattfrühstück (s. u.) gegessen werden. Auf jeden Fall sollte eine Scheibe Brot für das Angebot „So sieht alles in der Wirklichkeit aus“ (S. 31) fotografiert werden.

Nimmersattfrühstück (ab 2 Jahren)

Zutaten:
1 Früchtebrot (s. o.), Muffins, 1 Schokokuchen (entweder kaufen oder selbst backen), Käse, Geflügelwurst, saure Gurken, Mini-Geflügelwürstchen, Äpfel, Orangen, Pflaumen, Erdbeeren, 1 Wassermelone, Brot, Getränke

Arbeitsmittel:
pro Kind 1 Teller, 1 Messer, 1 Becher

Zubereitung:
1. Schneiden Sie alle Lebensmittel in kleine, mundgerechte Stücke (die Kinder möchten sicher von allem etwas probieren und bei kleineren Stücken ist die Gefahr des Übermaßes nicht so groß). Legen Sie dann von jedem Lebensmittel ein Stückchen zur Seite.
2. Decken Sie gemeinsam mit den Kindern den Tisch. Doch bevor alle anfangen zu essen, sollten die einzelnen Lebensmittel im Zusammenhang mit dem Buch besprochen werden. Hier können Sie die zuvor weggenommenen Lebensmittel präsentieren. Zudem können die Kinder überlegen, was von Raupe Nimmersatts Essen hier fehlt (das Eis, der Lolli und das Blatt).
   Hinweis: Eis und Lollis sind zum Frühstück nicht empfehlenswert. Kleine Kindermägen vertragen diese Zutaten am frühen Morgen nicht besonders gut. Die Zutaten können Sie den Kindern als Nachtisch beim Mittagessen anbieten bzw. auf die Bauchschmerzen der Raupe Nimmersatt hinweisen, die die Kinder auch bekommen würden, wenn sie zu viel essen.

Raupen aus Obst und Gemüse (ab 2 Jahren)

Zutaten:
grüne Weintrauben, Kirschen, 1 Salatgurke, Cocktailtomaten

Arbeitsmittel:
1 Schneidebrett, Sparschäler, 4 Teller, 1 Messer, pro Kind 1 Teller

Zubereitung:
1. Das Obst und die Tomaten waschen.
2. Die Weintrauben, die Kirschen und die Tomaten halbieren.
3. Die Gurke schälen und in Scheiben schneiden.
4. Die einzelnen Zutaten auf die 4 Teller verteilen.
5. Nun kann sich jedes Kind entweder eine Gemüseraupe oder / und eine Obstraupe zusammenstellen. Für die Obstraupe werden ein paar Weintraubenhälften nebeneinander auf dem Teller angeordnet. Eine halbe Kirsche bildet den Kopf. Für die Gemüseraupe werden die Gurkenscheiben mit einer halben Tomate verwendet.

Tipp:
Die Raupe kann auch zum Mittagessen mit Rosenkohl und einem Fleischbällchen zubereitet werden!

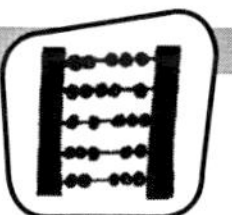

Früchte ordnen (ab 3 Jahren)

Material:
1 Obstschale, mindestens 3 Äpfel, 5 Pflaumen, 5 Orangen, 3 Birnen, 10 Erdbeeren, 1 Banane, Kopiervorlage „Zahlenkarten“ (S. 25), Schere, Buntstifte, Laminiergerät und -folie, ggf. Lebensmittelchips aus dem Angebot „Fressende Tennisballraupe“ (S. 29)

Vorbereitung:
Die Früchte und dazugehörigen Zahlen der Kopiervorlage „Zahlenkarten“ einmal kopieren, entlang der Linie ausschneiden, ausmalen und laminieren.

Arbeitsanleitung:
1. Die Kinder erhalten den Auftrag, so viele Früchte aus der Schale zu nehmen, wie auf der Zahlenkarte angegeben und sie zur entsprechenden Karte zu legen. Die Kinder müssen die exakte Anzahl zur Karte legen und hinterher abzählen, wie viele Früchte übrig geblieben sind.
2. Als Nächstes werden die Karten auf den Tisch gelegt und das Obst durcheinander auf den Karten angeordnet. Nun sortieren die Kinder die Obststücke wieder den Karten richtig zu und achten auch hier auf die entsprechende Anzahl.
   Hinweis: Möchten Sie für das Angebot keine echten Lebensmittel verwenden, können Sie auf die Lebensmittelchips aus dem Angebot „Fressende Tennisballraupe“ zurückgreifen und die Chips den Zahlenkarten zuordnen lassen.

Auf dem Zahlenweg (ab 4 Jahren)

Material:
Bilderbuch, aufgeklebter Zahlenweg aus dem Angebot „Der Zahlenweg“ (S. 24 / 25)

Spielvorschläge:
Die folgenden Zahlenspiele eignen sich für die Kinder, die schon Erfahrungen im Zahlenbereich gesammelt haben.

Zahlenstrahl:
Ein Kind geht mit geschlossenen Augen den Zahlenweg ab und zählt seine Schritte mit. Irgendwann bleibt es stehen, benennt die Zahl, die es gezählt hat, und sagt, welches Bild aus dem Buch mit dieser Zahl verbunden ist. Die Augen bleiben bis dahin geschlossen und dürfen erst zur Kontrolle wieder geöffnet werden. Als weitere Schwierigkeitsstufe kann das Kind auch noch die Zahlen vor und nach der genannten Zahl nennen. Eine weitere Alternative ist, dass das Kind die Augen geschlossen hält und ein anderes Kind die Zahl hinter ihm benennt, sodass das Kind überlegen muss, welche Zahl danach kommt (also auf welcher Zahl es letztendlich steht).

Bewegte Zahl:
Ein Kind nennt eine Zahl des Zahlenwegs. Das zweite Kind hüpft dorthin. Nun denkt sich das hüpfende Kind eine Bewegung aus, die es auf der Zahlenplatte entsprechend der Zahl ausführt.

Zahlenquiz:
Immer zwei Kinder spielen gegeneinander. Sie stellen Fragen zum Inhalt des Buches (s. Fragebeispiele). Die Kinder nennen die Antwort und hüpfen auf das entsprechende Feld. Hier ist Schnelligkeit gefragt, denn es darf immer nur ein Kind hüpfen. Wer den Wettstreit umgehen möchte, lässt beide Kinder gemeinsam überlegen, antworten und hüpfen.
Fragebeispiele:
- Durch welches Obst frisst sich die Raupe Nimmersatt am Mittwoch?
- Durch wie viele Erdbeeren frisst sich die Raupe Nimmersatt?
- Wie viele Tage frisst die Raupe?
- Was frisst die Raupe alles am Samstag?

Bilderraten:
Ein Kind verlässt den Raum oder dreht sich um. Ein Zahlenbild oder mehrere Zahlenbilder werden verdeckt bzw. umgedreht. Das Kind wird wieder hereingerufen und muss nun benennen, welche Bilder und welche Zahl verdeckt wurden.

Hinweis:
Mit jüngeren Kindern sollten Sie die Zahlen nach und nach durchgehen und die Mengen mit Gegenständen vergleichen (z. B.: Zahl 3 → 3 Pflaumen). Es ist auch möglich, mit den Kleinen den Zahlenweg gemeinsam abzugehen und laut mitzuzählen. Des Weiteren können Zahlen und Bilder einander zugeordnet werden. Dazu zeigen Sie den Kindern ein Bild aus dem Buch, zum Beispiel die 5 Orangen, die die Kinder dann auf dem Zahlenweg wiederfinden sollen. Oder umgekehrt: Zeigen Sie auf die 5 Orangen, die die Kinder im Buch wiederfinden sollen.

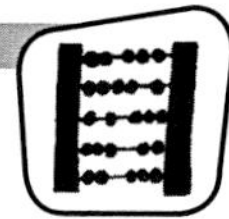

Wie viele sind es? (ab 4 Jahren)

Zähle die Dinge und trage die richtige Anzahl ein.

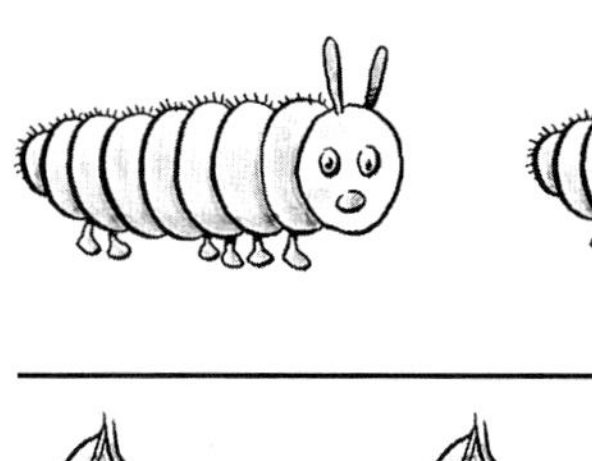

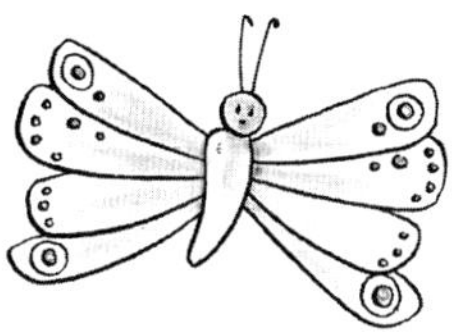

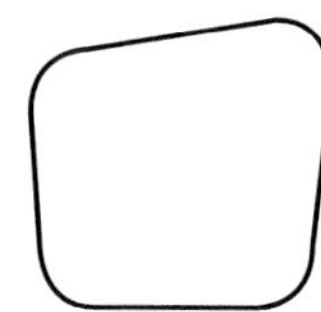

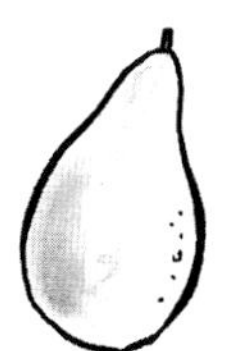
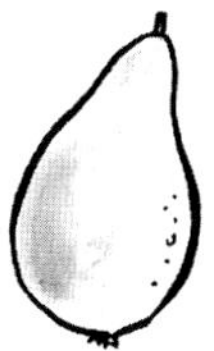
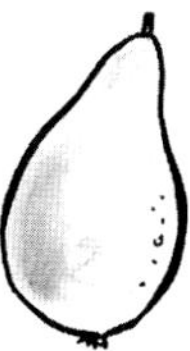

Zahlenraupen (ab 4 Jahren)

Fülle die Raupen aus.

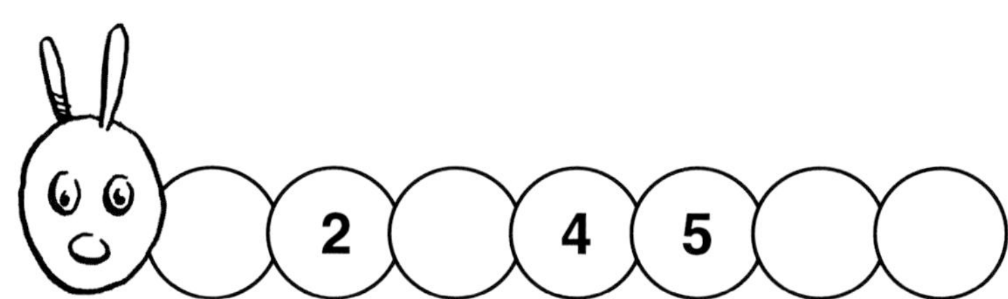

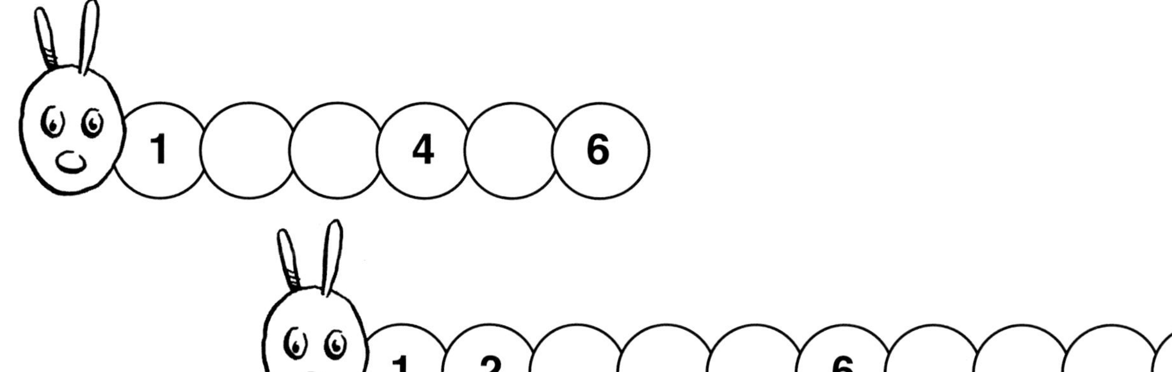

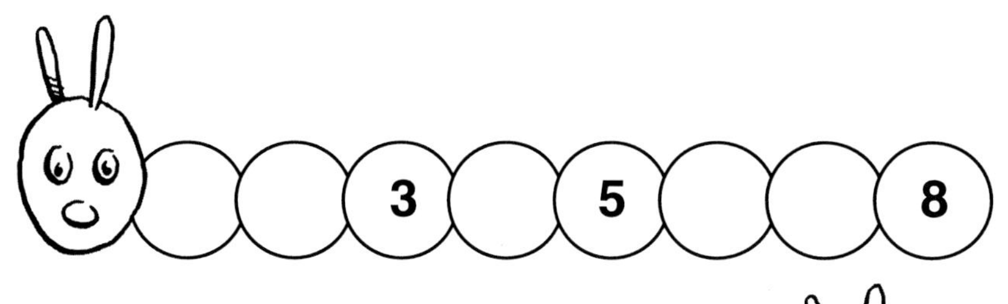

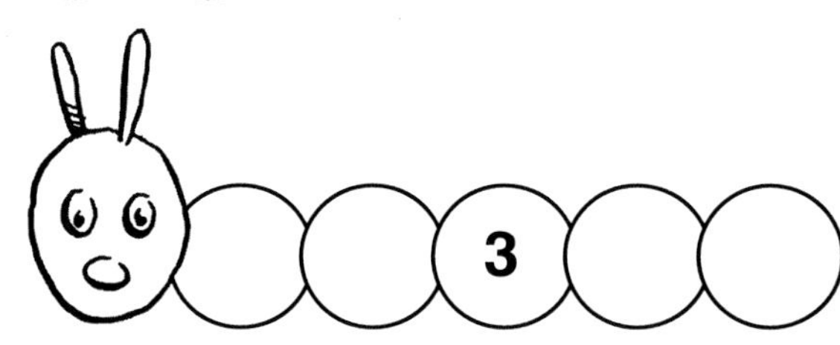

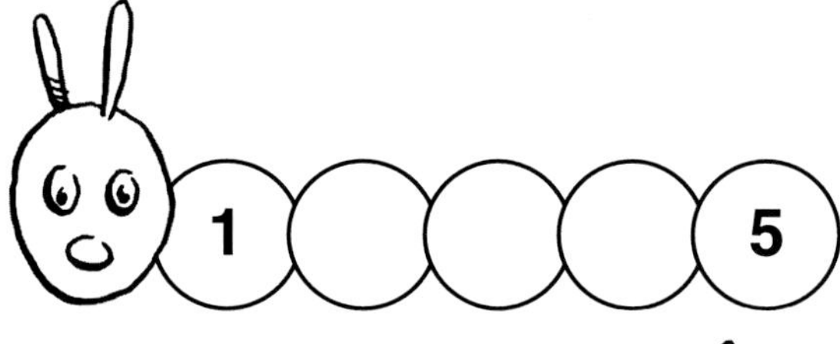

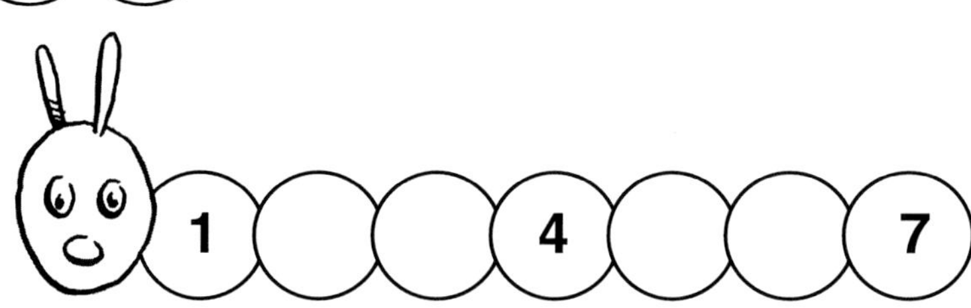

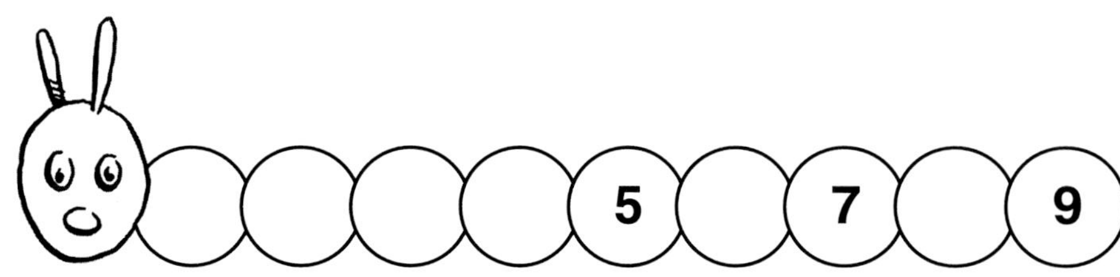

BVK • Cornelia Emde: Literacy-Projekt zu Eric Carles „Die kleine Raupe Nimmersatt"

Nimmersatt-Stationsspiel (ab 4 Jahren)

Material:
Kopiervorlage „Zahlenkarten“ (S. 25), Kopiervorlagen „Schmetterling“, „Raupe“ (S. 45) und „Stationspass“ (S. 44), Buntstifte, Schere, Laminiergerät und -folien, 10 Stühle, 10 Stempel, 1 Augenbinde, 1 Teller mit Apfelstückchen und 1 Teller mit kernlosen Weintrauben (von beiden Obstsorten sollten doppelt so viel vorhanden sein, wie Kinder mitspielen), 2 größere verschließbare Kartons, 1 Cuttermesser, 2 Birnen, 3 Bananen, 5 Orangen oder orangefarbene Bälle, viel Zeitungspapier, 3 Tische, 1 Perlenraupe und 1 Satz der laminierten Lebensmittel aus dem Spiel „Perlenraupe“ (S. 17), 4 Erdbeerbilder (z. B. Fotos oder aus dem Angebot „Perlenraupe“, S. 17), Schnur oder Faden, 1 Locher

Vorbereitung:
Die Kopiervorlagen „Stationspass“, „Schmetterling“ und „Raupe“ pro Kind ein Mal kopieren. Die Zahlenkarten werden nur ein Mal benötigt. Die Zahlenkarten ausschneiden, ausmalen und laminieren.
Die Stationspässe zunächst zur Seite legen (diese werden den Kindern zu Beginn des Spiels ausgehändigt).
Die Arbeitsblätter „Schmetterling“ und „Raupe“ werden auf 2 Stühle (9 und 10) gelegt.
Die restlichen Stühle im Raum verteilen und auf jeden Stuhl eine Zahlenkarte sowie das dazugehörige Material und je einen Stempel legen.
Hinweis: Es sollten mindestens 3 Erwachsene bei diesem Stationsspiel anwesend sein.
Sie sollten bei Fragen oder Unklarheiten für die Kinder ansprechbar sein. Zwei Erwachsene sitzen an Station 3 und 7, um die Antworten der Kinder entgegenzunehmen. Außerdem können sie an den Stationen die Pässe abstempeln.

Im Folgenden wird jede der 10 Stationen nacheinander erläutert:

1. **Station „Apfel“:** Neben der Zahlenkarte liegen die Augenbinde und die beiden Teller mit den Obststücken auf dem Stuhl.
2. **Station „Birnen“:** In eine Längsseite des ersten Kartons werden 2 Kreise eingeschnitten, durch die Kinderhände greifen können. Die 2 Birnen und die 3 Bananen in den Karton legen und diesen zuklappen.
3. **Station „Pflaumen“:** Es werden keine weiteren Materialien benötigt.
4. **Station „Erdbeeren“:** Die Erdbeerbilder werden im Raum versteckt.
5. **Station „Orangen“:** Auch in den zweiten Karton werden 2 Kreise eingeschnitten, durch die Kinderhände greifen können. Der Karton wird mit zerknülltem Zeitungspapier aufgefüllt und die Orangen bzw. die orangefarbenen Bälle werden daruntergemischt.
6. **Station „Füße“:** Hier wird ein Tisch dazugestellt.
7. **Station „Tage“:** Es werden keine weiteren Materialien benötigt.
8. **Station „Schmetterling“:** Die Kopiervorlagen und die Stifte werden auf den Tisch gelegt.
9. **Station „Raupe“:** Die Kopiervorlagen und die Stifte werden auf den Tisch gelegt.
10. **Station „Lebensmittel“:** Die Perlenraupe und die laminierten Lebensmittel aus dem Spiel „Perlenraupe“ (S. 17) werden benötigt.

Spielregeln:
Jedes Kind erhält einen Stationspass und schreibt seinen Namen darauf (bzw. die Erzieherin schreibt ihn auf). Mit Hilfe eines Fadens können die Kinder sich die Pässe auch umhängen. Dann bearbeitet jedes Kind eine Station nach der anderen und erhält nach jeder Station einen Stempel auf dem entsprechenden Feld. Die Kinder (insbesondere die jüngsten) müssen die Aufgaben nicht einwandfrei bewältigen. Wichtig ist, dass sie es versuchen. Die Reihenfolge ist beliebig, die Stationen müssen nicht von 1 – 10 abgearbeitet werden. Dank des Stationspasses ist der Überblick leicht zu behalten. Es ist sogar ratsam, dass sich die Kinder verteilen, um Warteschlangen zu vermeiden.
Schlussendlich können die Kinder ihren Stationspass noch bunt anmalen.

Im Folgenden werden die einzelnen Aufgaben beschrieben:

1. **Station „Apfel“:** Das Kind zieht sich die Augenbinde über und bekommt je ein Apfelstück und eine Weintraube zum Probieren. Es sagt, welches Obst der Apfel ist. Das Kind darf auch noch ein zweites Mal probieren, wenn es unsicher ist.
2. **Station „Birnen“:** Das Kind fasst in die Kiste und versucht, die zwei Birnen unter den Bananen herauszufühlen und holt sie heraus. Es kann auch benennen, was noch in der Kiste ist und die Anzahl schätzen.
3. **Station „Pflaumen“:** Das Kind benennt die Obstsorten und auch die Anzahl des Obstes, durch das die Raupe kriecht.
4. **Station „Erdbeeren“:** Das Kind sucht die 4 versteckten Erdbeerbilder im Raum. Es merkt sich die Orte und nennt sie Ihnen. Die Kinder dürfen die Bilder aber nicht mitnehmen bzw. anfassen, damit andere Kinder sie nicht direkt entdecken.
5. **Station „Orangen“:** Das Kind fasst in die Kiste und wühlt sich durch das Zeitungspapier. Es versucht, die 5 Orangen zu finden und herauszuholen.
6. **Station „Füße“:** Das Kind krabbelt 6 Mal um den Tisch herum.
7. **Station „Tage“:** Hier zählt das Kind die 7 Wochentage auf und sagt auch gleich, was die Raupe Nimmersatt an den Tagen gemacht hat.
8. **Station „Schmetterling“:** Der Schmetterling muss hier vervollständigt werden (S. 45). Dazu malt das Kind das Bild, was es links sieht, symmetrisch auf die rechte Seite. Die Kleinsten, die dies noch nicht schaffen, malen den Schmetterling ihren Malfähigkeiten entsprechend an bzw. zu Ende.
9. **Station „Raupe“:** Auf diesem Arbeitsblatt wird die Raupe vervollständigt (S. 45). Insgesamt sollten die Kinder 8 Segmente an den Kopf malen.
10. **Station „Lebensmittel“:** Das Kind zieht die Perlenraupe durch die Lebensmittel und fädelt sie alle auf. Die älteren Kinder können hier auch versuchen, die Reihenfolge, in der die Raupe Nimmersatt frisst, einzuhalten.

Kopiervorlage „Stationspass“

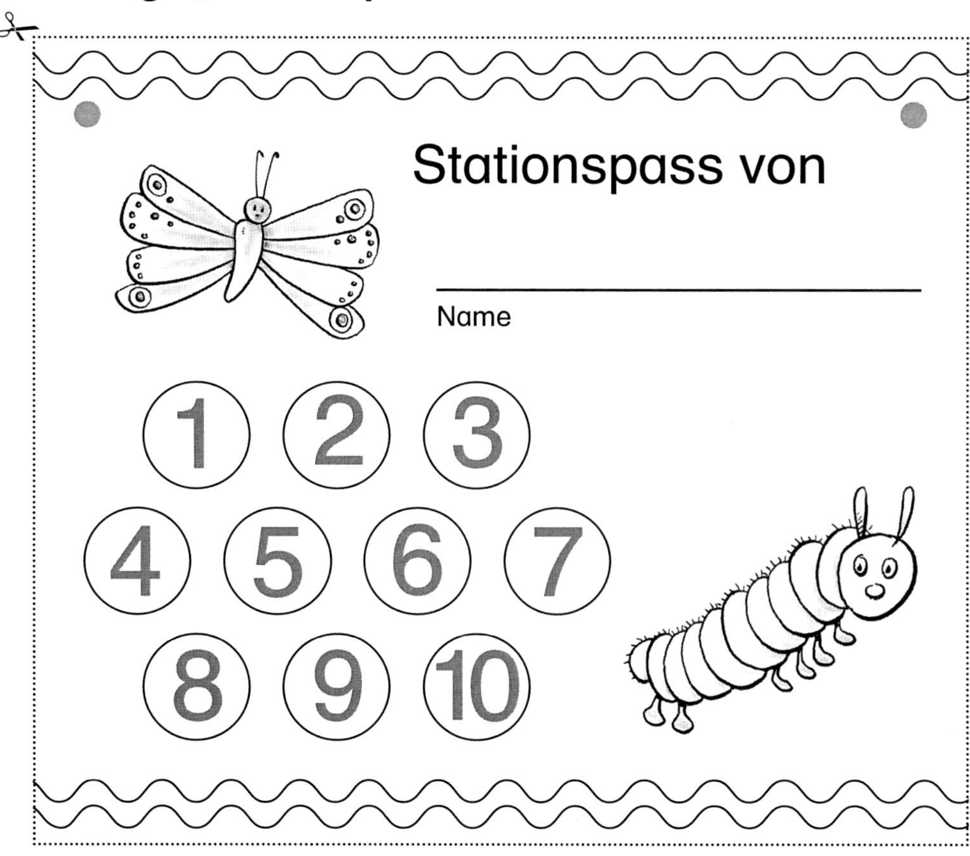

Kopiervorlagen „Schmetterling“ und „Raupe“

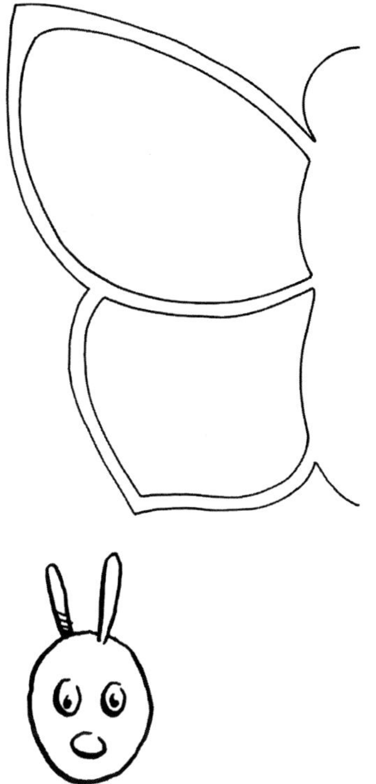

Kinderraupe (ab 3 Jahren, für 4–25 Spieler)

Material:
Bilderbuch, Kopiervorlage „Schablonen“ (S. 27), Schere, Buntstifte, ggf. Laminiergerät und -folien

Vorbereitung:
Die Lebensmittel des Angebotes „Fühl-Leporello“ werden (hoch-)kopiert, ausgemalt und laminiert. Bitte jede Frucht einzeln laminieren und nicht die gesamte Obstgruppe.

Spielregeln:

1. Alle Kinder bis auf eins erhalten eine Bildkarte. Spielen weniger Kinder mit, als Bildkarten vorhanden sind, können Sie auch mehr als eine Bildkarte verteilen. Bitte achten Sie aber darauf, dass kein Kind zwei Bildkarten des gleichen Lebensmittels bekommt.
2. Das Kind ohne Bildkarte verlässt den Raum und schlüpft in die Rolle der Raupe. Die anderen Kinder verteilen sich im Raum, stellen sich breitbeinig hin und halten ihre Bildkarten vor die Brust, sodass die Raupe die Lebensmittel gut erkennen kann.
3. Schließlich wird die Raupe zurück in den Raum gerufen und frisst sich der Reihe nach durch das Obst, genauso wie die Raupe Nimmersatt: Die Raupe geht also zuerst zu dem Kind, welches den Apfel hält, kriecht durch dessen Beine und sammelt die Karte gleich mit ein. Dann geht es zu den Kindern, die die Birnen halten, kriecht durch die Beine und nimmt die Birnenkarten mit. Hält das stehende Kind noch eine weitere Frucht in der Hand, so bleibt es weiterhin stehen. Hat ein Kind keine Bildkarte mehr in der Hand, hängt es sich an die Raupe, sodass diese immer länger wird. Erinnert sich ein Kind nicht mehr an die Reihenfolge, kann es noch einmal im Buch nachschlagen.
   Hinweis: Bei jüngeren Kindern sollte ein Vorschulkind mitgehen und helfen, das Obst zu „fressen“. Hier könnte auch über die Richtigkeit der Reihenfolge hinweggesehen werden.

Kriechen wie die Raupe (ab 2 Jahren)

Material:
1 – 2 Langbänke, 3 – 6 Fallschutzmatten, 1 Kriechtunnel, Schablonen des Angebotes „Fühl-Leporello“ (S. 27), mindestens 10 Kissen (je größer, desto besser), einige Gymnastikbälle und Schaumstoffelemente, 1 großer Kasten und weitere schwere Gegenstände, 3 – 7 Isomatten,
ggf. Schere, Buntstifte, Laminiergerät und -folien

Vorbereitung:
Vervielfältigen Sie die Obst-Vorlagen entsprechend der Anzahl im Bilderbuch, lassen Sie die Bilder ausmalen und laminieren Sie sie einzeln.
1 bis 2 Langbänke werden parallel in einem Abstand von etwa einem Meter zur Wand aufgestellt.
Der Kasten und weitere schwere Gegenstände werden an die Langbänke gestellt (zur Raumseite hin), um ein Wegrutschen der Bänke zu vermeiden. Nun werden die kurzen Seiten der Fallschutzmatten zwischen Wand und Langbank eingeklemmt, sodass ein Tunnel entsteht. Die Isomatten werden im Tunnel auf den Boden gelegt, um diesen etwas zu polstern. Der Kriechtunnel wird vor oder hinter den Mattentunnel gelegt. Nun noch die Kissen in die beiden Tunnel legen, ebenso die Bildkarten. Die Bälle und Schaumstoffelemente bereithalten, sie werden im weiteren Verlauf des Spiels eingesetzt.

Spielregeln:
Die Kinder schlüpfen in die Rolle der Raupe Nimmersatt und kriechen oder wühlen sich durch die Tunnel, um die Lebensmittel zu fressen (Bildkarten suchen und einsammeln). Es ist ratsam, immer nur 2 Kinder gleichzeitig in die Tunnel zu schicken. Haben die Kinder im ersten Durchgang alle Karten gefunden, war es vielleicht zu einfach. Dann können Sie weitere Materialien in die Tunnel legen (Bälle oder Schaumstoffelemente) und die Bildkarten darin und drum herum verstecken.
Bitte füllen Sie die Tunnel nur nach und nach und steigern Sie den Schwierigkeitsgrad langsam, denn hier erleben die Kinder propriozeptive und taktile Reize in einer engen, dunklen Umgebung. Dies mögen nicht alle Kinder. Bei den Jüngeren ist es ratsam, nur die Kissen zu verwenden und zwischen den Tunnelmatten Lücken zu lassen, damit noch Licht einfällt. Eine weitere Möglichkeit wäre, dass Sie die Kinder durch den Tunnel begleiten.

Ziel dieses Spiels ist, dass die Kinder sich durch weiche Materialien wühlen und den Druck der Materialien am ganzen Körper spüren, genauso wie die Raupe Nimmersatt, wenn sie sich durch die Lebensmittel frisst. Wenn Sie die Möglichkeit haben, dann verlängern Sie den Tunnel noch. Dieses Spiel ist meist ein großer Spaß für die Kinder und fördert sie im Bereich der Wahrnehmung.
Um den Tunnel zu verlängern, können Sie zum Beispiel zwei Mal zwei Kästen mit etwas Abstand einander gegenüberstellen und mit einer Weichbodenmatte abdecken, oder einige zusammengeklebte Umzugskartons aufstellen.

Bei den Vorschulkindern, die bereits Erfahrungen mit Buchstaben haben, können Sie statt der Bildkarten auch Wortkarten verwenden. Dazu werden Begriffe wie Raupe, Pflaume usw. auf kleine Karten geschrieben, laminiert und im Tunnel verteilt.

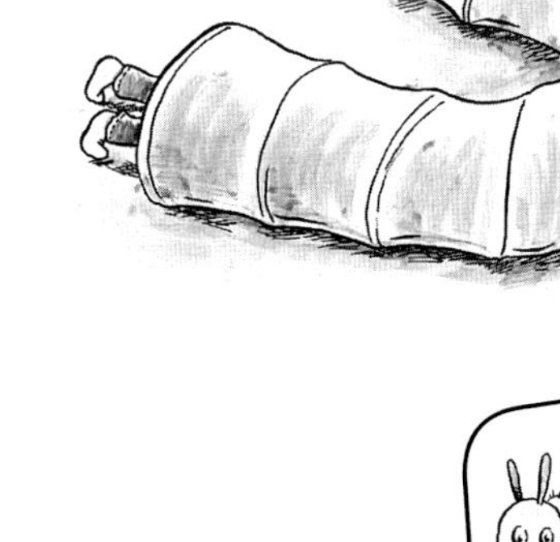

Raupe versorgen – für die Jüngeren (ab 2 Jahren)

Material:
1 Weichbodenmatte, 1 Seil, Fallschutzmatten, mindestens 3 Deckel von kleinen Kästen, 1 kleiner Kasten, 1 transportables Bällchenbad, mindestens 10 der laminierten Lebensmittelkarten aus dem Angebot „Perlenraupe“ (S. 17) oder alternativ echte Baumblätter, 1 Raupe (gebastelt, z. B. eine Perlenraupe, oder als Kuscheltier), ggf. pro Kind 1 Wäscheklammer

Vorbereitung:
Zunächst wird ein Weg gebaut, das heißt, alle Materialien werden hintereinander angeordnet:
1. Die Weichbodenmatte mit der rauen Seite auf den Boden legen. Je nach motorischen Fähigkeiten kann mittig unter die Matte ein kleiner Kasten (auf der Seite liegend oder umgedreht) platziert werden, um einen Berg entstehen zu lassen.
2. Das Seil schlangenförmig auf den Boden legen.
3. Die Deckel der kleinen Kästen in einem Abstand von ca. zwei Metern aufstellen und die Fallschutzmatten darüberlegen. Die Matten sollten fortlaufend längs aneinanderliegen, damit eine Hügellandschaft entsteht. Der Abstand der Deckel hängt also von der Mattenlänge ab.
4. Das Bällchenbad dahinterstellen. Ist kein Bällchenbad vorhanden, ist ein Planschbecken mit Kissen befüllt eine gute Alternative.
5. Die laminierten Lebensmittel am Anfang des Weges und die Raupe am Ende des Weges platzieren.

Spielregeln:
Inhalt des Spiels ist, dass die Kinder die Raupe mit Lebensmitteln versorgen, da sie sich jetzt schon kaum bewegen kann, aber immer noch nicht satt ist.
Jedes Kind wählt eines der Lebensmittel oder ein Blatt aus. Dieses muss das Kind nun über die Hindernisse zur Raupe bringen.
1. Die Kinder gehen zuerst über die Weichbodenmatte.
2. Dann balancieren sie auf dem Seil oder springen im Zickzack von einer Seite auf die andere.
3. Die Hügellandschaft bewältigen sie ihren Fähigkeiten entsprechend (klettern, gehen, krabbeln).
4. Zuletzt waten die Kinder durch das Bällchen- oder Kissenbad und legen die Karte vor die Raupe auf den Boden. Anschließend geht es wieder zurück und das nächste Kind bringt sein Bild zur Raupe.

Hinweis: Falls Sie feststellen, dass es den Kindern schwerfällt, sich gleichzeitig zu bewegen und das Bild in der Hand zu halten, können Sie das Bild mit Hilfe einer Wäscheklammer an der Kleidung der Kinder befestigen.

Raupe versorgen – für die Älteren (ab 4 Jahren)

Material:
pro Kind mindestens 3 echte Baumblätter, 1 Eimer, 1 Sprossenwand, 3 Langbänke, 1 großer Kasten, 2 Weichbodenmatten, einige Fallschutzmatten, mindestens 3 Pylonen, mindestens 2 kleine Kästen, 1 Raupe (gebastelt, z. B. eine Perlenraupe, oder als Kuscheltier), mindestens 3 Seile, ggf. Stoppersocken

Vorbereitung:
1. Die Langbank in die kleine Öffnung des großen Kastens einhängen und eine Weichbodenmatte auf der anderen Seite auf den Boden legen. Mit den Fallschutzmatten alles rundherum absichern.
2. Die anderen beiden Langbänke in die Sprossenwand einhängen und die zweite Weichbodenmatte auf die Bänke legen. Damit die Weichbodenmatte nicht herunterrutscht, sollte sie am Haltegriff mit Seilen an der Sprossenwand festgebunden werden. Dabei ein Seil so an eine Sprosse knoten, dass es längs auf der Weichbodenmatte liegt. Die Kinder sollen im Spiel die Möglichkeit haben, sich an dem Seil hochzuziehen. Den Boden um den Berg herum mit weiteren Fallschutzmatten auslegen.
3. Die Blätter liegen in dem Eimer, der ganz oben an der Sprossenwand hängt, aber so, dass die Kinder auch noch an ihn herankommen.
4. Die Pylonen und kleinen Kästen zu einer kleinen Laufstrecke aufstellen. Falls noch Fallschutzmatten übrig bleiben, so können diese über die Kästen gelegt werden. Dadurch wird die Strecke hügeliger. Der ganze Parcours sollte so arrangiert sein, dass ein Weg entsteht, den die Kinder abgehen können. Start ist der Berg (Matte an der Sprossenwand), denn zuerst müssen die Blätter vom Baum (Eimer an der Sprossenwand) geholt werden. Die Raupe liegt am Ende des Weges auf dem Boden.

Spielregeln:
Die Kinder erhalten den Auftrag, die Blätter vom Baum (Eimer an der Sprossenwand) zu pflücken.
Dafür müssen sie die Matte hinaufklettern. Hierzu können sie sich an dem Seil hochziehen. Liegt die glatte Seite der Matte obenauf, ist es sehr anstrengend, hinaufzukommen. Es fördert die Körperkraft und den Muskelaufbau aber ungemein und eignet sich für bewegungsfreudige Kinder sehr gut. Ist dies doch zu schwer, können die Kinder entweder Stoppersocken anziehen oder die Matte wird auf die raue Seite gedreht.
Nun „pflücken" die Kinder ein Blatt und rutschen die Matte wieder herunter.
Anschließend laufen sie über den Berg (großer Kasten), der über die Langbank zu erreichen ist. Von dort springen die Kinder herunter und bewältigen die Slalomstrecke durch die Pylonen bzw. steigen über die kleinen Kästen.
Bei der Raupe angekommen, geben die Kinder ihr die Blätter zum Fressen und kehren zum Baum zurück.